SOUVENIRS

DE L'EXPOSITION

DES PRODUITS DE L'INDUSTRIE

A LAVAL

EN 1857,

SUIVIS D'UNE PETITE ÉTUDE

SUR

LES ARMOIRIES DE LAVAL

Par Charles-Marie MAIGNAN.

LAVAL,
Imprimerie de J.-Feillé-Grandpré.
1857.

SOUVENIRS

DE LA

DEUXIÈME EXPOSITION

A LAVAL

DES PRODUITS

De l'Agriculture, de l'Industrie
et des Beaux-Arts,

A laquelle ont concouru les départements de la Mayenne, de la Sarthe, d'Ille-et-Vilaine, des Côtes-du-Nord, du Finistère, du Morbihan, de la Loire-Inférieure, de Maine-et-Loire, de la Vendée, de la Vienne et des Deux-Sèvres,

PAR CHARLES-MARIE MAIGNAN.

LAVAL,
Imprimerie de J. Feillé-Grandpré.
1857.

SOUVENIRS

DE LA DEUXIÈME EXPOSITION

A LAVAL

DES PRODUITS DE L'AGRICULTURE, DE L'INDUSTRIE

ET DES BEAUX-ARTS.

———

LAVAL.

———

D'après la légende, la chronique et l'histoire, ce nom rappelle trois immortelles époques : le passage des légions de Jules César dans les Gaules, la grandeur monarchique du règne de Charlemagne et le plus sanglant épisode des désastres de la Terreur.

Grâce à certains écrivains, la Mayenne, de nos jours, avait été réléguée en-deçà du monde civilisé. Quoiqu'ils singeâssent les allures de savants, ils oubliaient, par exemple, que Laval, dans les siècles passés, était la sentinelle la plus héroïquement placée sur la frontière des terribles Armoricains ; qu'elle fut l'épée qui les vainquit et l'anneau qui rattacha la Bretagne à la France.

Ils oubliaient qu'au temps de la conquête de la Terre-Sainte par saint Louis,

De quatre vaisseaux plats l'oriflamme escortée,
A force d'avirons, à la rive est portée.
Angenès et LAVAL font leur premier effort,
Et suivent les premiers l'étendard sur le bord.

. . . .

Quatrième est LAVAL dont le cœur haut et fier,
S'exprime en son blason, s'élève en son cimier.

La guerrière lueur que jette sa cuirasse
Semble se réfléchir au feu de son audace ;
Et de Guy , son ayeul, les célèbres combats
Sont en or sur sa tête , en acier sur son bras. (*)

Ils oubliaient que l'une des plus grandes épées du 14ᵉ siècle , qui chassa les Anglais de la France , avait été portée par un fils de la maison de Laval , ANDRÉ DE LOHÉAC , lequel , à l'âge de 12 ans , après avoir gagné ses éperons à la bataille de la Gravelle ,

Anglorum pullos contrivit libra Gravella ,

fut ceint de l'épée du connétable Duguesclin ; qu'à l'âge de 17 ans il combattait à côté de Jeanne d'Arc , et que plus tard , amiral et connétable de France , il pourchassa de la Guyenne et de la Normandie le reste de nos ennemis , et sauva, avec Jeanne Hachette, la ville de Beauvais assiégée par les Bourguignons.

Ils ne se rappelaient pas que le *capitaine à la Bruyère* , dont la masse d'arme abattait son homme à chaque coup , et qui seul , au siége d'Orléans , osa se porter avec ses guerriers vers la bastille des Tournelles , se nommait GILLES DE LAVAL , seigneur de Retz et d'Ingrande ; qu'en cette mémorable journée , Jeanne d'Arc et Gilles de Laval , se rencontrant face à face , se saluèrent de la main à l'instar de deux sauveurs de la France ; que ce dernier détourna un coup de hache qui allait ravir à notre patrie sa grande héroïne , et que les Anglais , broyés entre ces deux grands courages , se virent contraints de laisser entrer un convoi d'hommes et de vivres dans la ville d'Orléans.

Ils ne savaient pas , peut-être , que l'un des plus braves compagnons des Dunois , des La Hire et des Xaintrailles était un Mayennais , AMBROISE DE LORÉ , guerrier indomptable , auquel le roi de France Charles VII avait confié le soin de protéger Jeanne d'Orléans , la vierge rédemptrice de la nationalité française.

(*) *Sainct-Lovis, ov la Saincte Covronne reconqvise*, poëme héroïque, par le P. Lemoyne de la société de Jésus.

Ils ne savaient pas que l'archevêque qui sacra le roi Charles VII était PIERRE DE LAVAL, et qu'entre tous les héros qui avaient purgé la Champagne de la présence des étrangers pour conduire le roi à Reims, ce fut à Gilles de Laval, et en récompense de ses services, que fut dévolu l'honneur d'aller, au milieu d'un cortége royal, chercher la sainte ampoule à Saint Remy pour la porter à l'église métropolitaine.

Ils négligeaient de dire qu'un enfant de Laval, AMBROISE PARÉ, a été le père de la chirurgie française, et que, par ses soins et son talent, il a conservé à notre patrie une innombrable légion de victimes de la guerre.

Ils ignoraient que le grand prédicateur de la sainte Croisade pour le rachat des malheureux captifs retenus dans les fers par les forbans d'Alger et de Tunis, au XVIIe siècle, fut un religieux de la communauté des Capucins de Laval, le R. P. Jérôme, né à Mayenne. (*La Saincte Confrérie dv Rédemptevr*, ouvrage imprimé à Paris en 1638.)

Ils refusaient de se souvenir qu'à l'époque de notre grand cataclysme révolutionnaire, en présence de tous les exemples de dépravation et de désordres qui étaient donnés, ce furent des paysans de la Mayenne qui, les premiers, envisagèrent d'un regard ferme et sans reproche la persécution et la mort, luttèrent contre les débordements d'une mer soulevée jusqu'aux nues, et plantèrent à l'encontre des flots une croix, signe de leurs croyances, et une épée, emblème de leur courage et de leur amour de la liberté.

Ils ignoraient que le prêtre qui entonna le *Credo* pour exciter en l'âme de sept à huit cents ecclésiastiques, jetés comme lui sur les pontons de la rade d'Aix, le courage du martyre, était un héros qui avait reçu le jour en la ville de Laval.

Enfin ils semblaient ne pas se souvenir que le Fénélon de notre époque, Mgr de Cheverus, était né en la Mayenne, et que depuis des siècles la renommée industrielle des habitants de la ville de Laval s'est étendue avec honneur et gloire d'un pôle à l'autre.

Certes, nous le savons, la calomnie laisse toujours quelques marques de son venin sur son passage. Mais, depuis 1852, par son exposition régionale et les fêtes auxquelles elle a donné lieu, Laval s'est placé en première ligne parmi les villes de son rang, et ensuite a brillé à l'Exposition universelle de Paris.

Ces succès, fort heureusement à l'abri des teintes plus ou moins sombres de l'encre de Chine, ont attiré l'attention des touristes, des savants et des hommes d'affaires ; et l'un des principaux journaux de la capitale, *le Siècle*, osa, au commencement de l'année 1855, élever en faveur de Laval la voix en ces termes :

« J'avais encore beaucoup à voir dans cette ville INTÉRESSANTE ET PEU CONNUE DES ARCHÉOLOGUES, qui m'offrait bon nombre de curiosités; mais mon séjour devait être trop court pour que je pusse les visiter. En publiant ici ces notes recueillies à la hâte, en signalant certains édifices presque sous la forme d'un inventaire rapide, je n'ai d'autre but que d'appeler l'attention des touristes, et j'espère qu'il se trouvera un jour quelque investigateur sérieux et érudit, plus capable d'analyser et de faire connaître les richesses que l'on trouve à Laval. » (Eugène DAURIAC.)

Eh bien, MM. les noircisseurs de papier, nous ne sommes donc pas aussi noirs que vous avez bien voulu nous faire ? Pauvres gens, mais le département de la Mayenne, avec sa population de près de quatre cent mille âmes, doit vous sauter dans les yeux.

Ce n'est pas tout ! Ne voilà-t-il pas en effet que, pour vous faire avaler, bon gré mal gré, votre goutte d'encre, tous les journalistes de la capitale, en se rendant à la fête de l'inauguration du chemin de fer de Rennes, se sont complus à saluer en amis la noble ville de Laval et le département dont elle est le chef-lieu. Ecoutez plutôt M. Paul Féval s'exprimant ainsi dans *Le Monde*

Illustré : « . . . . . On étouffe au buffet du Mans ; mais le chef de la gare, prévoyant l'asphyxie, coupe en deux le déjeûner. Le train pique des deux, la bouche pleine. Le paysage est varié, plantureux, attachant. Le train flâne parmi ces riants aspects ; il s'attarde à raison de douze lieues à l'heure.

» Le voilà qui regarde les grandes ruines de Sillé-le-Guillaume sur la droite, le voilà qui mesure l'inclinaison du clocher de *Voutré*, plus penché que la tour de Pise. — Un temps de galop et Laval étage pour lui les aimables surprises de son amphithéâtre.

» Il y a là un viaduc qui est une magnifique œuvre d'art et qui donne un point de vue admirable. Laval, cité double, motié moderne, moitié antique, sépare coquettement ses vieilles demeures de ses blanches bastides toutes neuves. La verdure s'y montre partout. On dirait une ville bâtie dans un bocage.

» C'est Ingouville avec plus de caractère, Chaillot avec plus de style et d'ampleur. Je ne sais où l'on trouverait une plus ravissante chose que ce coteau qui est une capitale. — Belaage, qui était avec nous, disait : Si je n'étais le successeur légitime de Mesmer, je voudrais être préfet de Laval. »

· Ecoutons maintenant M. Edmond Texier, du *Siècle :*

« Ce n'est qu'à Laval, cette jolie ville aux maisons blanches, que les roues des wagons glissaient sur des rails vierges. En sortant de Laval, le convoi franchit la Mayenne sur un viaduc qui rappelle par ses proportions le gigantesque viaduc de Meudon, puis il s'élance à travers une campagne plantureuse et coupée par des milliers de haies. Ces prés, ainsi encadrés de feuillages, semblent de grandes salles verdoyantes. Des arbres, des arbres, encore des arbres. Tout ce pays a l'air d'une forêt parsemée de champs et de prairies. Un peu plus loin, nous voyons étinceler à notre droite et à notre gauche l'eau blanche des lacs qui se découpent en miroirs à l'horizon. C'était probablement sur le bord de ces lacs que dansaient autrefois , au clair de la lune , les sorcières armoricaines.

« J'ai vu , j'ai vu passer les nymphes et les fées ,
» Blanches filles de l'Ouest , brunes filles du Sud. »

» On remarque encore le *bois de Misedon* , qui fut le berceau de la Chouannerie et qui servit souvent de retraite aux malheureux Manceaux et Bretons qui , pour défendre une cause sacrée , arrosaient de leur sang les champs déserts que la guerre condamnait à la stérilité.

» C'est à une lieue du bois de Misedon , c'est-à-dire à *la closerie des Poiriers* , que naquit Jean Chouan , l'aîné de la famille qui se rendit célèbre par sa lutte contre les soldats de la République.

» Le dernier des Chouans est mort récemment dans cette ferme misérable , où il vécut long-temps avec une pension de 300 francs qu'il tenait de la Restauration.

» En quelques tours de roues , nous sommes à Vitré , une petite ville qui est encore aujourd'hui ce qu'elle était au moyen-âge , à l'époque où Guy , *comte de Laval* , baron de Vitré , rivalisait d'efforts avec Duguesclin pour secourir Rennes assiégée par l'armée du duc de Lancaster. »

Nous pourrions ajouter ici quelques mots de el segnor *Figaro ;* mais le rasoir du barbier , sans malice de notre part , ferait peut-être quelque entaille au menton de ces écrivains , c'est pourquoi nous ne ferons pas usage du châtiment que nous met entre les mains l'excellent homme qui se *moque des sots , brave les méchants et se rit de tout de peur d'être obligé d'en pleurer.*

Mais , si Laval est riche en souvenirs historiques , si notre cité a donné à la France des héros auxquels il n'a manqué qu'un Homère pour raconter leurs hauts-faits et leur bravoure , et chanter la puissance créatrice du génie de ses fondateurs , cette cité , dans son aspect, offre le plus pittoresque et le plus séduisant panorama qu'il soit possible de rencontrer au sein d'une ville.

Qu'un voyageur , en effet, après avoir contemplé le travail gigantesque de notre viaduc en granit bleu de 180 mètres de longueur , sur 25 de hauteur , traversant la Mayenne (Me-du-ana, *rivière des noirs rochers*) sur neuf arches , œuvre aussi monumentale qu'artistique, dans laquelle sont entrés vingt mille mètres cubes de matériaux et deux mille cinq cents mètres de chaux , qui a occupé quatre-vingt mille journées d'ouvriers et a coûté plus d'un million , que ce voyageur, disons-nous , aille vers le centre de la ville et contemple ce monticule enchanteur de *Bel-Air* , « vaste enclos , écrit le touriste du *Siècle* , embrassant à la fois le sommet et le pied , le flanc et les escarpements de la colline. De magnifiques allées , de vastes tapis de verdure , des hautes futaies de bois récréent à chaque instant la vue dans cette demeure où l'on rencontre partout des rochers , des grottes , des fontaines, tout ce que la nature, en un mot , peut réunir de plus frais et de plus pittoresque. Enfin , sur le plateau s'élève une charmante habitation , que je crus devoir respecter en l'absence du propriétaire , et de grâcieux jardins au milieu desquels je remarquai un magnifique cèdre du Liban , presque aussi beau que celui du Jardin des Plantes. Tout me ravit , tout me charma ; mais ce qui me frappa le plus , c'est le riche panorama que l'on découvre de la terrasse du château. Ce spectacle est fait pour émouvoir l'âme la plus insensible , et, en suivant de l'œil le cours de la Mayenne au milieu de la ville , j'éprouvai un instant de joie et de bonheur plus facile à ressentir qu'à exprimer. »

Que le voyageur continue encore sa marche , et qu'il s'arrête devant la belle statue d'Ambroise Paré , enfant de Laval , père de la chirurgie française. Il est représenté debout, la tête légèrement inclinée , la main droite portée vers le front et dans l'attitude de la méditation. De la main gauche il saisit des instruments de chirurgie placés auprès de lui sur une pile de livres ; à ses pieds , une arquebuse indique le chirurgien militaire ; enfin on lit sur le socle cette simple inscription : « *Je le pansay , Dieu le guarit.* »

Que le voyageur traverse maintenant le Pont-Neuf , remarquable par ses pierres de granit de trois à quatre mètres de longueur , sa forme légère et ses arches aux courbes gracieusement audacieuses ; qu'il suive après cela le quai Napoléon , d'où son regard embrassera les mille variétés que présente le vieux Laval. D'abord c'est le Palais de Justice, dit autrefois la *galerie* des seigneurs de Laval , chef-d'œuvre de la renaissance italienne, aujourd'hui restauré et agrandi ; puis le vieux château des Guy , qui se dresse noirci par les siècles , sur des pointes de rocs , au milieu d'un amas d'habitations irrégulières , échelonnées les unes au-dessous des autres , mais qu'il domine comme une sombre sentinelle des temps passés , qui a gardé le souvenir du berceau de nos aïeux et de l'antique gloire de nos remparts , recelant les dépouilles d'ennemis vaincus.

Cette perspective présente à l'œil des effets vraiment pittoresques , surtout lorsque le regard descend insensiblement jusque sur les bords de la Mayenne et s'y arrête pour contempler cette longue file d'*arrivoirs* garnis de laveuses au vif babil , aux rires éclatants , aux histoires indiscrètes entremêlées de chansons , et dont les bras sans cesse en mouvement et les têtes blanches qui reluisent au soleil impriment partout un je ne sais quoi de joyeuse et d'indéfinissable ivresse ; ou bien encore lorsque l'ombre du soir commence à étendre son voile sur cette fourmilière de maisons , du sein desquelles s'échappent mille lumières réflétées dans le cristal des eaux, tantôt calmes comme un miroir, tantôt houleuses comme les vagues de la mer.

Le quai franchi , le voyageur considère avec étonnement le Vieux Pont de Laval , sur lequel s'est dessinée l'ombre de saint Bernard , celles de Clisson , de Duguesclin , du connétable de Montmorency , de Char-

les VIII., de Henri IV , des Coligny , des La Trémoille,
d'Ambroise Paré , de tous les héros de la maison de
Laval , de Lescure , de Larochejaquelein , de Marceau ,
de Kléber, des soldats de la Vendée et de la République,
des guerriers que quarante siècles contemplèrent du
sommet des Pyramides et des martyrs échappés aux
neiges de la Russie. Il n'y aperçoit plus , il est vrai , les
deux tours qui en défendaient l'approche , et aussi les
maisons qui le bordaient des deux côtés ; mais il reconnaît, à la large escavation pratiquée dans le cintre de la
première arche , l'abîme par la bouche duquel des masses d'Anglais se précipitèrent dans la Mayenne qui les
engloutit avec leurs armures de fer.

De ce vieux pont l'œil embrasse un panorama nouveau. On dirait , du côté des Eperons , un paysage des
Alpes , avec sa gorge tourmentée , ses maisons à jour
à la base , comme pour donner passage aux eaux d'un
torrent , et ses toits qui semblent s'entrechoquer par
l'effet d'un tremblement de terre ; puis , au loin , l'é-
glise d'Avenières , drapée d'une mantille de peupliers ,
et son clocher aux reflets roses quand se couche le soleil,
dont les fugitifs rayons illuminent à l'horizon les landes
célèbres de la Croix-Bataille ; tandis que, du côté opposé,
les promenades du Pont-Neuf présentent le spectacle
d'une foule de personnes en mouvement, ayant pour
fond les touffes variées des arbres de la colline et des
vallons de Bel-Air magnifiquement encadrées dans un
ciel de pourpre et d'or.

Ces paysages , si enchanteurs pendant le printemps et
l'été , changent de forme et d'aspect lorsqu'ils ont été
frappés de la flèche du Sagittaire. Ils offrent alors, pour
revers de tableau , les nuages gris , les cataractes mu-
gissantes , les coteaux décharnés et la glace des lacs de
la brumeuse Ecosse. Les toits sont magiquement cou-
verts de neige , et la Mayenne , gonflée comme un mer
orageuse , entraîne quelquefois dans ses ondes
tournoyantes et jaunâtres des pieds d'arbres déracinés ,

des débris de cabanes , et, comme on l'a vu , le fidèle gardien des métairies hurlant sur sa niche , suivie du berceau vide du jeune fils de son maître , heureusement sauvé des eaux.

Oui, telle est Laval , ville si riche en souvenirs historiques , si glorieuse dans son passé, si industrielle dans son présent et si pleine de nobles espérances pour son avenir.

Salut à toi , ma ville natale , ville si gaie , si vive , si causeuse , si doucement embaumée du parfum de tes tilleuls et de tes ormeaux , des jasmins , des lys et des roses de tes jardins ; salut à toi , Laval , ton nom seul fait battre mon cœur d'amour et me rend la jeunesse que je n'ai plus.

Encore quelques pages de bonheur pour moi , car c'est en ton honneur que je vais entretenir mes lecteurs de l'Exposition des produits de l'agriculture , de l'industrie et des beaux-arts qui attire en ce moment en tes murs presque tous les habitants de la Mayenne et une immense population des départements voisins.

Encore quelques pages d'enchantement pour mon ame , en faisant le récit de tes fêtes , et les élans du cœur de tous tes enfants.

OUVERTURE DE L'EXPOSITION.

L'inauguration de l'Exposition régionale de Laval a eu lieu le mardi 1er septembre courant.

A deux heures après midi, M. Bélurgey de Grandville , préfet de la Mayenne. président d'honneur , accompagné de M. le général de Gallemant, de M. Boudet, président de la section du contentieux au conseil d'Etat et du conseil général de la Mayenne , de M. Gasté, président du tribunal civil , de MM. de l'administration et du conseil municipal de Laval , des autorités administratives, civiles, judiciaires, ecclésiastiques et militaires en grand uniforme, est arrivé au Palais de l'Industrie

escorté de notre belle compagnie de pompiers, tam-
bours en tête.

Le cortège a été reçu par MM. Chamaret, président,
Des Cepeaux, président honoraire, et les commissaires du bureau d'administration de la Société.

Le coup d'œil était magnifique déjà, quoique l'étalage des objets exposés fût loin d'être complet. De nombreuses dames, en toilettes magnifiques, circulaient
dans les galeries. La musique de la ville a exécuté plusieurs morceaux.

Pendant plus d'une heure, M. le préfet, donnant
amicalement le bras à M. le président de la Société de
l'Industrie, a examiné les produits exposés, et, s'a-
dressant aux exposants qu'il rencontrait, il leur a adressé des paroles flatteuses, leur témoignant, de la façon
la plus aimable et la plus encourageante, l'intérêt que
lui inspirent les œuvres de l'intelligence, du goût et
du savoir.

Rien, du reste, d'étonnant en cela, car notre
Exposition, c'est de la richesse, de la beauté et du goût,
réunis sous un toit qu'envierait même Lyon, la seconde
ville de France.

Le palais consacré aux produits de l'Industrie à Laval
était naguère un terrain clos, depuis 121 ans, de murs
auxquels était adossé, sur trois de ses faces, un prome-
noir couvert pour la vente du fil et le mesurage des
toiles. L'espace entre les promenoirs, réservé à la vente
des toiles, était d'environ trente mètres de côté. Il fallait couvrir cet espace, et un habile architecte de notre
ville répondit, avec l'assurance du savoir : Je le cou-
vrirai à peu de frais et le département trouvera ainsi le
moyen de réaliser une pensée qui était peut-être dans
l'esprit de plusieurs, mais qu'un seul homme a mise
au jour et constamment poursuivie, et aux efforts infa-
tigables duquel notre ville doit son admirable réalisation. Chacun comprendra que nous parlons ici de l'honorable président de la Société de l'Industrie.

Alors des bases en granit ont été posées , des poteaux gigantesques y ont été superposés ; leur faîte , relié par des moyens énergiques , a servi de point d'appui à des courbes hardies, une charpente suspendue et remarquablement combinée, est devenue un toit protecteur, et des lanternes spacieuses , ménagées à la région supérieure , ont déversé des torrents de lumières dans toutes les parties de ce vaste édifice.

Certes , il faut bien le reconnaître à la louange de l'architecte qui a métamorphosé de la sorte notre ancienne Halle aux Toiles en Palais de l'Industrie. Une pensée artistique s'est manifestée en cette œuvre aussi majestueuse que patriotique. Il a , qu'on me permette de le dire , recouvert la charpente osseuse de ce corps de bâtiment, autrefois hideux , de chair et de peau ; il a donné de l'énergie et de la force à ses muscles , et au corps entier une véritable vie. Il a transfiguré , comme par l'effet d'une baguette magique, tout cet ensemble de poteaux rongés par le temps et la pluie , de charpentes en lignes courbes, en un immense salon de Saint-Cloud. Qui aujourd'hui , après avoir contemplé l'aspect que présentait encore il y a peu de temps notre vieille Halle aux Toiles , ne se sentirait pas profondément ému à la vue de ces piliers pleins de légèreté et d'élégance, maintenant assez puissants pour porter le poids de cette coupole gigantesque, assez mince pour ne rien dissimuler de ce vaste et bel édifice. Qui n'admirerait ces gracieux pilastres aux formes réduites de la renaissance , ces corniches élégantes et légères , ces arcs-doubleaux hardis et vigoureux , qui rachètent d'une si heureuse manière les plates-bandes de la coupole , ces nobles moulures des cadres , des caissons , ces beaux pendentifs d'une si belle proportion ; ces caissons eux-mêmes qui semblent n'attendre que l'habile pinceau d'un Abel Pujol ; enfin l'ensemble plein d'harmonie , de vérité et de simplicité de style, de la nef qui emprunte l'un de ses prestiges à l'habileté des ouvriers plafonneurs chargés de sa décoration.

En ce qui concerne les nefs latérales , il nous semble que les difficultés à vaincre à l'avenir ne sont pas moindres pour l'architecte , et que , d'après ce que nous voyons aujourd'hui , cette partie , quoique moins ornementée , a fourni à l'architecte une occasion nouvelle de faire preuve de son talent.

Nous le dirons , parce que cela est vrai , et que nous nous faisons ici l'écho de l'opinion publique : Ces plafonds , subdivisés en forme de trémies renversées , ces ouvertures à balustres, ce cordon vigoureusement conçu , ces arcatures simples sont d'un large effet et d'une valeur relativement égale.

Ces travaux, malheureusement, n'ont pu , faute de ressources suffisantes , être spontanément exécutés , et la richesse des vêtements de la partie restaurée fait d'autant plus ressortir les haillons et la misère de l'autre partie. Mais tout ceci n'est qu'une affaire de temps , et nous n'en devons pas moins constater, dès à présent, cette vérité : C'est qu'aucune ville de France , même de PREMIER ORDRE , ne possède un local aussi complet , aussi parfaitement approprié à sa destination ; c'est que, grâce aux efforts de tous, du conseil général , du conseil municipal , grâce à la patiente énergie de M. Chamaret , président de la Société , et aux vues avancées de M. Segretain , maire démissionnaire , le département de la Mayenne n'a plus, sous ce rapport, rien à envier aux départements qui l'entourent ; il a pris , sans contexte , rang parmi les plus avancés de l'époque.

Cavalcade aux Flambeaux.

REPRÉSENTANT « la venüe, en la bonne ville de » Laval, des Ambassadeurs de Rome, du Roy de » Hongrie, de la Sérénissime République de Venise, » du Duc de Milan et des Seigneurs Napolitains , ès » année 1487. »

Pour que cette fête soit comprise du peuple , il n'est pas inutile de faire connaître ici les circonstances qui amenèrent en notre ville ces grands personnages. pour présenter leurs hommages au roi de France Charles VIII.

Louis XIe du nom , qui avait mérité par sa croyance le titre de Roi Très-Chrétien , dont il s'était rendu peu digne par sa conduite , venait de mourir , après avoir réuni à la couronne la Bourgogne , en 1477 , l'Anjou en 1480 , la Provence en 1481 et le Maine en 1483. Ce prince avait, en 1436 , épousé en premières noces Marguerite , âgée de 14 ans , fille de Jacques Ier , roi d'Ecosse , qu'il n'aima jamais à cause de quelque imperfection secrète , et , en 1451 , Charlotte , fille de Louis II , duc de Savoie , et d'Anne de Chypre. De ce dernier mariage , qui ne fut guère plus heureux que le premier , naquirent trois garçons et trois filles : *Joachim* , mort en bas âge ; Charles VIII ; *François* , duc de Berri , mort en bas âge ; Louise , morte en bas âge ; Anne , qui fut mariée à Pierre de Bourbon , seigneur de Beaujeu , et Jeanne , mariée au duc d'Orléans , depuis Louis XII , lequel la répudia pour épouser Anne de Bretagne.

A la mort de Louis XI, Charles VIII devint, naturellement et de droit, roi de France ; mais, comme il n'atteignait encore que sa treizième année , son père crut devoir mettre le trône du jeune roi à l'abri des entreprises et des fautes d'une régence , en laissant, par sa dernière volonté , le gouvernement de l'Etat à sa fille , la dame de Beaujeu. Celle-ci , alliant à l'activité et aux charmes de la jeunesse le caractère fin de son sexe uni à l'esprit rusé de son père , lutta avec avantage contre le mécontentement et les intrigues des ducs d'Orléans et de Bourbon , qui prétendaient établir une régence , vu que Charles VIII devait être considéré comme mineur.

Les trois contendants n'ayant pu convenir entre eux de leurs droits , l'affaire fut remise aux soins des Etats-Généraux.

Cette assemblée décida que , puisque le roi avait atteint l'âge de quatorze ans , on devait le considérer comme majeur ; puis, après les Etats, le procureur général du Parlement, sur certaines dénonciations, fit, dit Mézerai, le procès à deux coquins des plus insolents, ministres du règne passé : Olivier le diable-barbier, flamand de naissance, et Jean Doguc, auvergnat.

D'un autre côté, François II, duc de Bretagne, avait auprès de lui un homme de pareille étoffe, aussi impudent et encore plus méchant qu'eux, nommé Pierre Landais, fils d'un tailleur du faubourg de Vitré. Il gouvernait son prince depuis 15 ans, et avait élevé aux charges du pays des gens de sa sorte et de ses parents. En digne tailleur, ce malheureux avait pris sa mesure sur un tyran, promulgué un arrêt contre les seigneurs qui ne le soutenaient pas, et fait mettre bas et leurs têtes et leurs châteaux.

Pendant ces brouilleries, la dame de Beaujeu, ayant appris que le duc d'Orléans conspirait contre elle, lui fit mander de se rendre à la cour. Le duc s'y rendit au second ordre ; mais, ayant appris qu'on voulait attenter à sa liberté, il se dirigea vers les champs sous couleur de faire voler ses oiseaux, et prit l'essor du côté de la Bretagne.

Cependant les amis que le duc d'Orléans avait laissés à la cour complotèrent d'enlever la personne du Roy ; mais, le complot ayant été découvert, les principaux auteurs de cette trame furent arrêtés et jugés.

Pendant ce temps-là, le comte d'Angoulême et le seigneur de Ponts soulevaient la Guyenne. Le roi de France marcha contre ces rebelles, et toutes les places de cette partie de la France se rendirent à la vue et au nom du roi.

Après avoir fait son entrée à Bordeaux le sept mars, Charles VIII retourna à Poitiers ; Parthenay capitula à la première sommation.

Ces succès obtenus, Charles VIII divisa son armée en quatre corps, qui allèrent tomber en Bretagne par autant d'endroits, et vint s'établir à Laval pour suivre les progrès de chacun d'eux.

Voici comment Guillaume Le Doyen , notaire à Laval et témoin oculaire de l'arrivée de Charles VIII en nos murs , raconte dans sa chronique rimée cet important évènement.

Puis à Pasques que l'on comptoit
Mil quatre cens quatre vingts sept,
Quatriesme jour du moys de May ,
Le Roy Charles joyeux et gay
A Laval se fist son entrée,
Dont Laval si fut honorée;
Car avec lui , par grant fiance ,
Estoient les grans Seigneurs de France:
Alenczon , Bourbon , Angoulesme ,
Dunoys , Rez , Nevers , de cueur blesme.
Tous autres, sans prolixité,
Nul n'estoit du Roy exepté
Qui ne fust à luy sans engaigne
Pour d'illiec tourner en Bretaigne.
Les rues , à grant tapicerie ,
Furent tendues , sans moquerie,
A ciel et de hault et de bas
De fines toilles et fins draps ;
Es-carrefours jouer, dancer
Es-tasses bon vin verser ;
Et bien cinq sepmaines ou prés
Se tint le Roy sans faire excés
Par ses gens en ceste comté ,
Tant bien y estoit sourmonté
Par eulx n'estoit fait quelque mal
Mais prisoient tous ceulx de Laval.
A chacun jour vivres habondoient
Plus que despendre n'en povoient ;
Et si grant peuple se trouvoit
Que le nombrer nul ne savoit ;
Et quant à son département
Il fut mandé hastivement
Pour devoir à Nantes aller
Ou la si vouloit devaler
Pour traïsons que ceulx de Bretaigne
Machinoient sur luy moult grant haigne,
Dont le royaume avoit mal aise ,
Souvent repousoit à mes aise,

(19)

Priant à Dieu le Roy des Roys
Qui gard le bon Roy Charoloys
De toutes traïsons et d'ennuy
Et le bon conte à qui je suy.

La solennelle et joyeuse réception que les habitants
de Laval firent au jeune roi Charles VIII était toute per-
sonnelle de leur part, car leur seigneur était alors à
Vitré, retenu qu'il y était, d'après une association faite
avec d'autres seigneurs à Châteaubriand, dans le but
de chasser les étrangers dont le faible duc de Bretagne
était entouré.

C'était une position vraiment singulière que celle
dans laquelle se trouvait Guy XV. En qualité de *comte*
de Laval, ville *française*, ce seigneur, *suzerain* du
Roi de France, ouvrait toutes les portes de cette cité
devant les pas de Charles VIII, et, en qualité de *baron*
de Vitré, ville *bretonne*, ce même seigneur, suzerain
et *cousin* du duc de Bretagne, suzerain lui-même du roi
de France, barricadait l'entrée et garnissait les remparts de
cette dernière ville, sise à 32 kilomètres seulement de la
première, de soldats ennemis qui devaient opposer le fer
et le feu au passage du même roi Charles VIII.

Ainsi, par l'effet d'une politique exceptionnelle, le
roi de France Charles VIII demeurait à Laval sous la
sauvegarde de l'honneur et du dévoûment des Lavallois, tandis que leur seigneur se tenait, sans manquer
de fidélité à la France, au milieu d'une garnison bretonne dans la ville de Vitré.

Pendant ce temps là, Francois II, duc de Bretagne,
toujours livré aux intrigues de ses favoris, était malade
à Vannes. Mais l'armée française, commandée par la
Trémoïlle, s'étant approchée de cette ville, le duc s'en-
fuit à Nantes qui fut bientôt assiégée.

Ainsi que l'a raconté Le Doyen, Charles VIII demeura cinq semaines à Laval, d'où il partit pour se
rendre à Châteaubriand.

Quelques semaines après , le 7 juillet 1487 , le comte de Laval , Guv XV , accompagné de son frère Pierre , archevêque et duc de Reims , et abbé commanditaire de Saint-Méen de Gaël , de Saint-Nicolas et de Saint-Aubin d'Angers , firent leur entrée dans la ville de Laval.

> Laquelle fut moult décorée
> En tentes , jeuz , esbattements ,
> Qu'on fist hors la ville et dedans ,
> A pleines tasses on buvoit
> Vin blanc , vin clairet , qui vouloit
> Pour la bienvenue du Seigneur
> Qui de Laval est protecteur.

Guy XV ne tarda pas à retourner à Vitré , menacé par une armée française , et Laval n'en fut pas plus à l'aise , suivant ce qu'en rapporte Le Doyen dans les vers suivants :

> Ceste année fut assez de biens
> En blez et vins n'en failloit riens ;
> Chacun en cueillit à raison ,
> Pour soy et sa provision.
> Boisseau valoit trois solz tournois,
> Mais c'estoit mesure valoys ;
> Et si la guerre n'eust duré
> Le peuple se fust recouvré.
> Mais gens d'armes de tous quartiers
> Se retiroient en nos sentiers
> Et moult le peuple de Laval
> En fut opppressé mont et val.
> Et messieurs de dedans la ville ,
> Chacun en fut moult fort habille ;
> Car sitoust que venir voyoient
> Gens d'armes , les portes fermoient.
> Par ce point ceux du Pont de Maine
> En avoient la charge et la paine
> De les fournir et jour et nuyt ,
> Qui n'estoit pas fait sans grant bruyt.
> Et durant que le Roy estoit
> En cestuy an quatre-vingts sept ,
> Nouvelles d'amont et d'aval

Luy venoient du tout à Laval ,
De Sainct-Omer et Pierremel   (Ploërmel)
Luy vindrent et par ung semel
Que Monsr Des Cordes , pour vroy
Les avoit prinses pour le Roy.

Cependant Charles VIII , qui avait écouté les conseils du vicomte de Rohan et du sire de Quintin , manda le comte de Laval. Celui-ci fit la sourde oreille et n'obéit qu'à des ordres réitérés et de plus en plus pressants. Il alla enfin trouver le roi à Châteaubriant , qui lui ordonna de rendre la ville et le château de Vitré. Le comte de Laval ne pouvait y consentir. Raisons , prières , tout fut inutile de sa part ; il fallut se rendre de la meilleure grâce possible , après avoir toutefois « remontré au roi » que ce n'était pas le fait des armes qui faisait régner » les monarques heureusement , mais l'amour de leurs » peuples ; tâchant par ses raisons d'adoucir le roi irrité » contre le duc de Bretagne. »   *(Bourjoly.)*

« Revenu à Vitré , dit un chroniqueur , et voulant éviter une collision sanglante , il commanda une sortie à la garnison , impatiente de son oisiveté. Pendant son absence , les Français se glissèrent dans le château par une poterne qu'on leur avait livrée , et de là se répandirent dans la ville , où les habitants surpris ne purent tenter aucune résistance.

» Quelques jours après , le 1er septembre 1487 , Charles VIII fit son entrée à Vitré avec la Dame de Beaujeu , sa sœur. Un roi de dix-sept ans , et une régente de vingt-cinq ! La garnison bretonne , réduite à quelques soldats , évacua complètement la ville et le château par une porte opposée qui s'ouvrit devant le futur époux de la jeune duchesse de Bretagne.

» Il est à regretter , dit M. E. Ducrest de Villeneuve, que quelque bon bourgeois lettré ne nous ait pas transmis des détails sur cet événement important de la cité , comme fit Jehan Pichard à Rennes , lors du passage de Henri IV. Il ne serait pas sans intérêt d'apprendre d'un contemporain l'effet que produisit sur les Vitréens cette puissante dame de Beaujeu , digne fille de Louis XI , qui « alliait la finesse , la politique et la fermeté de son » père à plus de générosité et de clémence ; qui , ad- » mirablement belle , commandait l'obéissance par sa » démarche imposante ; qui avait su , en acquérant les » vertus d'un législateur et d'un guerrier , conserver » un cœur tendre , un charmant visage et toute l'affa- » bilité grâcieuse d'une femme. »

Comme on vient de le voir , le roi Charles VIII était entré à Vitré le premier septembre et y demeura jus-qu'au 17 du même mois pour revenir , avec Madame de Beaujeu, sa sœur, à Laval , dont le bon Guy XV lui fit les honneurs, le 17 septembre 1487 , ainsi que le rapporte la chronique :

> Et puis le premier jour du moys
> De septembre l'an que disoys
> Le roy si entre dans la ville
> De Vitré par moyen subtille,
> Au soir , après souleil couschant ,
> Où chacun fut mal repousant.
> La Guerche et Chasteaubrient
> Et Sainct-Aubin semblablement
> Furent prins par telle maniere
> Que Bretons faisoient pouvre chere.
>
> Et le dix-septiesme jour
> Dudit moys , sans aucun séjour,
> Le bon Roy, pour son plaisir faire,
> Voulut à Laval se retraire
> Pour qu'il disoit assez plaisant
> Le chasteau et Mothe devant.
> Et incontinent les nouvelles
> De la cité de Doul moult belle
> Qu'elle estoit prinse par ses gens
> Et que pour vroy estoient dedans.
> Ambassades de tous quartiers
> Venoient au Roy pour l'onnorer,
> Et luy apporter des nouvelles,
> Donner chevaulx et robes belles

De drap d'or , d'argent et de soye ,
Couppes d'or azur , que c'est joye,

De Venise , de Romanie
De Millan , aussy de Hongrie ,
Vestuz d'honneur en robes d'or ,
De les veoir c'estoit grant honor ,
Coueffez de drap d'or comme femmes ,
Dont n'estoient reputez infames.
La cerimonie de leur pais
Disoient estre de tel devis.
Eulx-mesmes faisoient les ducatz
Dont ils estoient farciz à grant taz ;
Et quant firent entrez à Laval ,
Cent d'ordre estoient et à cheval ,
Sans que l'un d'eux ni passoit l'autre.
Devant estoient , sans nulle faulte,
Leurs tabourins et leurs heraulx ,
Et tous montez sur leurs chevaulx ,
Que c'estoit honneur de les veoirs ,
Et la faczon de leurs harnois.
Ceux de Naples semblablement
Firent au Roy moult beau present
De chevaulx , mulles et muletz,
Chargez de coffres et de coffrectz ,
Garniz de draps d'or et de soye
Que le Roy receut à grant joye.

Aucun de nos écrivains Lavallois, anciens ou modernes , ne fait connaître les motifs de ces ambassades de Rome , de Hongrie, de Milan , de Naples et de Venise , se rendant jusqu'à Laval pour saluer le roi de France Charles VIII.

Dans quel but ces ambassades ?

Peut-être de condoléance et de félicitations tout à la fois.

1° De condoléance. En effet, l'aïeule de Charles VIII venait d'achever, au mois de juillet 1487 , ses misères et sa vie à Rome , où elle vivait des bienfaits du Saint-Père. C'était Charlotte , reine de Chypre , veuve de Louis II de Savoie , frère d'Amédée IX. Elle était fille de Jean II ou Janot, roi de Chypre. De son mariage avec Louis de Savoie était née Charlotte, deuxième épouse de Louis XI et mère de Charles VIII. Amédée de Savoie avait épousé Yolande, fille de Charles VII.

2° De félicitations. N'est-il pas d'habitude d'aller faire des révérences aux vainqueurs, et, comme le jeune roi Charles VIII, gouverné et dirigé qu'il était par sa sœur, la belle et intelligente dame de Beaujeu, âgée de vingt et quelques années, tendait, par chacune de ses actions, à faire de tous les duchés réunis un tout unique et français, ainsi qu'on le voit déjà se mettre à l'œuvre par son ordonnance du mois d'avril 1487, par laquelle il abolit le parlement de Bourgogne, et établit que ce duché, le comté de Charolois et autres ressortiront désormais, sans moyen par appel en la cour, du parlement de Paris; vu, dit l'ordonnance, que là est établi le siège de la dignité et de la majesté royale; vu que c'est en cette ville que réside une cour souveraine, appelée la cour du parlement, dont le roi est le chef, et que c'est en icelle et non ailleurs que doit se tenir le lit de justice; et ainsi que le prouvaient toutes les guerres que Charles VIII entreprenait et notamment celle contre la Bretagne, de laquelle il exigeait obéissance et hommage, au nom de la suzeraineté qu'il exerçait sur elle; mais toujours dans le but que le royaume de France fût le premier des royaumes, ainsi qu'il a toujours été considéré par les Papes depuis le Souverain-Pontife Hormisda, qui baptisa la couronne d'or que lui envoya Clovis du nom de *regnum;* et Grégoire Ier écrivant à Childebert : *Quanto cœteros homines regia dignitas antecedit, tanto cœterarum gentium regna regni vestri profectò culmen excessit.*

Le roi de France et le seigneur de Laval, dont nous nous rappelons le souvenir, moururent en moins de deux années de distance l'un de l'autre : Charles VIII à l'âge de 27 ans, au château d'Amboise, le 7 avril

1498, et Guy XV le 22 janvier 1500. Son fils, Guy XVI, épousa Charlotte d'Aragon, princesse de Tarente, fille de Frédéric III d'Aragon, roi de Naples, et d'Anne de Savoie, tante de Charles VIII

Le samedi 5 septembre à sept heures moins le quart, l'escorte d'honneur, envoyée vers les ambassadeurs, part de la rue Vaufleury pour se rendre à la préfecture, après avoir traversé le boulevard de Nantes, les rues Joinville et Napoléon, s'arrêtant à chaque carrefour pour y annoncer, par la voix du roi d'armes, l'arrivée des ambassadeurs et la fête du lendemain.

Ce cortége se composait de quatre hommes de guerre sonnant de la trompette de cette époque historique, c'est-à-dire longues de quelques mètres ;—d'un peloton de hallebardiers ; — de quatre héraults d'armes ; — de quatre trompettes à cheval ; — d'un grand chambellan du Roi ; — de huit gentilshommes ; — d'un peloton d'arbalétriers.

Arrivé à l'hôtel de la Préfecture, l'escorte y salue et reçoit les ambassadeurs.

Pendant ce temps, le roi Charles VIII se rend sur la place de Hercé avec son cortége dans l'ordre suivant :

Un pelototon de hallebardiers ; — quatre héraults d'armes ; — la musique (à pied) du deuxième Chasseurs à cheval ; — le grand-prévôt ; — le Comte de Laval, Guy XV ; — quatre de ses gentilshommes ; — quatre pages ; — le grand-écuyer ;—Charles VIII ;— Pierre de Bourbon et Jean de Bourbon, princes du sang ; — Jean II et Pierre II de Bourbon ; — les ducs de Vendôme, d'Angoulême et d'Alençon ; — l'argentier du Roi ; — un capitaine des pages et huit pages ; — un peloton d'arquebusiers.

Ce brillant cortége arrive, au bruit d'un tonnerre d'applaudissements, sur la place de Hercé, et se dirige majestueusement, au milieu d'un concert d'harmonie, vers la tente royale, en velours cramoisi avec crépinettes et ornements d'or. (*)

De chaque côté du pavillon royal s'élèvent, en amphithéâtre, des estrades occupées chacune par deux mille personnes, derrière lesquelles se masse, sous les arbres des promenades éclairées par des lustres de différentes couleurs, une population immense.

L'intérieur de la place est illuminé au moyen de mâts vénitiens reliés entre eux par des guirlandes de feux de couleur, et portant chacun une étoile brillante surmontée d'un écusson couronné d'un faisceau de drapeaux, et au sommet un oriflamme. Des torches en grand nombre, portées par des comparses, devaient compléter l'illumination. Comme en quelques autres villes, elles ne sont arrivées par la voie de fer que le lendemain de la fête.

Le comte de Laval, acccompagné de ses quatre gentilshommes, reçoit le roi à l'entrée de sa tente et lui montre le trône qui lui a été préparé sous un magnifi que dais d'azur.

Le jeune roi s'y assied, et à la droite du trône se place Guillaume de Rochefort, seigneur de Pleuvant, chancelier de France, tenant la *main de justice ;* à gauche, Jean de Bourbon, connétable, tenant nue et haute l'*épée* du roi.

Autour de ce groupe se rangent les princes du sang, les ducs, Guy XV de Laval, les héraults d'armes et les pages.

A huit heures quelques minutes, les trompettes de l'escorte d'honneur annoncent l'approche des ambassadeurs accompagnés d'une grande foule de peuple recueillie sur leur passage, par les rues du Pont et du Val-de-Maine, rues Neuve, des Fossés, place Hardy et rue Marmoreau.

(*) Au mouvement produit dans l'assemblée, on eût dit que chacun eût voulu rendre hommage à la mémoire de ce Charles VIII, surnommé l'*affable*, qui s'était rendu, par sa douceur et sa bienfaisance, si cher à tous ceux qui l'approchaient que deux de ses officiers ne purent survivre à sa perte en 1498.

A l'appel des trompettes des ambassadeurs , les trompettes du roi répondent. Un hérault d'armes , saisissant la bannière du royaume Très-Chrétien , s'avance au-devant du cortége des ambassadeurs. Ceux-ci sont reçus au bas de l'estrade par le grand chambellan , Etienne de Vers , qui , mettant le genoux en terre , présente au roi les parchemins des ambassadeurs scellés de larges timbres en cire et argent.

Ce sont 1° l'ambassadeur du duc de Milan (Ludovic Le Maure) Galéas , comte de Coyozzo , accompagné de trois seigneurs milanais , de deux écuyers et des valets ;

2° L'ambassadeur du roi de Hongrie (Mathias Corvin-le-Grand) , chancelier du royaume , accompagné de deux seigneurs , d'écuyers et de valets ;

3° L'ambassadeur du roi (Ferdinand) de Naples , Antonello de San-Severino , prince de Salerne , accompagné de deux seigneurs napolitains , d'écuyers et de valets ;

4° L'ambassadeur de la sérénissime République de Venise , deux seigneurs vénitiens , deux écuyers et des valets ;

5° L'ambassadeur du pape (Innocent VIII) , Antonio Florès , deux seigneurs , deux écuyers et des valets.

Le roi fait prendre à chacun d'eux place sous la tente.

La cérémonie terminée , tous ces personnages sont groupés sur l'estrade du trône.

Alors , sous une pluie de lumières , commencent des danses devant le roi , puis , de temps en temps , de grandes explosions de feux de Bengale éclairent le tableau que présente une population de vingt-cinq mille âmes , l'anime et offre l'aspect d'une féerie de l'autre monde.

De nouveau les trompettes sonnent et le cortége se déroule majestueusement et parcourt les rues Marmoreau , du Lycée , de Nantes , de Joinville , la place de la Mairie , la rue Napoléon , toutes drapées et ornementées ou tendues , d'un côté à l'autre , de guirlandes de feu, de bannières, et se rend, au milieu de l'éclat des feux de Bengale, à la préfecture.

Un écrivain l'a dit dans l'*Echo de la Mayenne*, « Cette joie générale et sympathique, le grandiose qui » s'attache à ces spectacles publics, où tous les rangs » sont confondus, où un peuple n'a en quelque sorte » qu'une seule âme, m'avaient doucement ému, et je » n'ai pas été seul, ajoute-t-il véritablement, à subir » cette impression. »

Cavalcade Historique.

Le dimanche 6 septembre 1857 doit figurer au nombre des jours fortunés que la Providence réserve de temps à autre à notre bonne ville de Laval, dont la population était quintuplée au moins. Une multitude immense se pressait partout, sur nos places et dans nos rues, pour assister à cette magnifique chevauchée qui rappelait les honneurs que le Roi de France Charles VIII voulut bien accorder aux ambassadeurs de Hongrie, de Milan, de Naples, de Venise et de Rome, en leur faisant parcourir en grande pompe la ville de Laval.

Pour donner à cette fête un éclat digne de la cité, les habitants des rues par lesquelles devait se diriger le cortège royal avaient décoré et pavoisé leurs demeures de manière à exciter l'admiration et l'enthousiasme des étrangers.

A une heure de l'après-midi, la chevauchée se met en marche dans l'ordre ci-après :

1º Seize gendarmes à cheval, grande tenue ;

2º Deux justiciers en costumes velours noir, voile d'or retombant de la tête sur les épaules ;

3º ROI D'ARMES *(M. Alfred Boutreux).* — Costume : Pourpoint casimir blanc, brodé et rayé velours noir et or, rheingrave (culotte), manches velours noir rayé de filets d'or ;— Cheval caparaçonné noir et blanc brodé d'or ;

4º TROIS HÉRAUTS D'ARMES (*MM. Foucault, Billion et Bigot).* — Costumes : Velours noir , manches cottes de mailles , écusson de France sur la poitrine ;

5º Dix porte-bannières , costumes du temps ;

6º QUATRE TROMPETTES A PIED *(Soldats du 46e de ligne).* — Costumes : Pourpoint jaune et bleu , dalmatique rouge et or aux armes de France , berret rouge , trompettes ornées d'une flamme aux armes de Laval ;

7º DIX HALLEBARDIERS commandés par un chef *(Soldats du 46e de ligne).*— Costumes velours noir , casque, haubert (cuirasse ancienne) ;

8º LE GRAND CHAMBELLAN DU ROI , Estiènne de Vers *(M. Bruley des Varennes).*—Costume : Pourpoint , manteau velours-soie grenat et satin blanc , richement brodé d'or. — Cheval caparaçonné d'or.

Le chambellan porte sur le dos et la poitrine les insignes de sa dignité : *deux clefs d'or, dont le manche se termine par une couronne royale , passées en sautoir derrière l'écu de ses armes ;*

9º HUIT GENTILSHOMMES DE LA MAISON DU ROI. — Les seigneurs René de Clermont *(M. Jules Jarry) ;*—Costume : Velours-soie noir, capuchon satin rouge ; — Loys d'Esprés *(M. Anselme Jarry) ;*— Même costume ; — Olivier des Abattants *(M. Chalumeau).* — Pourpoint velours-soie noir et satin violet , capuchon violet ; — Jannet d'Esprés *(M. Bougué).*— Velours violet , satin bleu ; — Briand de Goyon *(M. Ham) ;*— Velours noir , satin bleu ; — Bertrand de Goyon *(M. Aubry) ;*—Velours violet, argent, satin violet ; — Pierre de Villiers *(M. Régereau)* ; — Jean de Villiers *(M. Bellière)* ;

10º DIX ARBALÉTRIERS commandés par un chef *(Soldats du 46e de ligne).*— Costumes: Drap rouge et velours noir ;

11° TROIS HÉRAULTS D'ARMES (*MM. Deschamps , Guyon et Templé*). — Costumes : Velours noir , manches cotte de mailles , écusson de France sur la poitrine ;

12° CORPS DE MUSIQUE (*La musique du 2e chasseeurs en garnison au Mans*). — Costume : Pourpoint bleu et blanc, chapeau gris à bords relevés , entouré d'une gance d'argent, plume rouge flottante ;

13° LE GRAND PREVOT (*M. Badault*). — Costume : Tunique soie violette richement brodée d'or , cape brocard d'or et velours noir herminé , caparaçon armorié ;

14° DIX SERGENTS AVEC UN CHEF. — Costumes du 15e siècle;

15° GUY XVe, COMTE DE LAVAL (*M. de La Barre*). — Costume : Brocard d'or à fleurons de soie rouge et bleue, manteau drap d'or ; — caparaçon bandelé bleu brodé d'or ;

16° QUATRE GENTILSHOMMES , GARDES D'HONNEUR. — Les seigneurs Jean de Rivière , Lionnel Malvault , Nicolas de Vaucelle et Jean Duhel , représentés par *MM. Tirouflet , Lecomte , Godde et Ferré.* — Riches costumes du 15e siècle;

17° TRENTE-TROIS BOURGEOIS ET ÉCHEVINS, membres des corporations de Laval. — Costumes des échevins : Robes de velours noir herminé ; — Costumes des bourgeois : Tuniques et capuchons de toutes nuances ;

18° LE GRAND ECUYER (*M. Guyard*). — Costume : Dalmatique armoriée à la croix d'or et au dauphin d'azur sur fond de sable , casque , jambières et manches mailles d'or ;

19° GUIL DE ROCHEFORT , Chancelier de France (*M. Dutreil*). — Costume : Tunique velours grenat brodé d'or , manteau armorié drap d'or ; — caparaçon vert armorié ;

20° QUATRE PAGES (*MM. Lenain*, page de cœur;

de La Grange, page de pique ; *de La Thébaudière* , page de carreau ; *Covlet,* page de trèfle ;

21º CHARLES VIII (*M. Vauguyon).* — Costume : Pourpoint velours noir , rheingrave brodé d'or, dessous moire antique gris-perle , cape velours et damas noir brodé de perles et or , toque fleurdelisée ; — cheval caparaçonné blanc , velours brodé d'or.

21º JEAN DE BOURBON , Connétable de France (*M. Moulinais).* — Costume : Armure complète d'acier ; caparaçon brodé d'or.

22º PIERRE DE BOURBON (*M. de La Grange).* — Costume : Pourpoint , manteau , rheingrave velours soie grenat et satin gris-perle , richement brodé d'or ; capuchon velours noir , brodé d'or et pierreries ;

23º LE DUC DE VENDOME (*M. Hubert*). — Costume : Velours-soie bleu et satin blanc , brodé d'or ; caparaçon blanc et or ;

24º LE DUC D'ANGOULÊME (*M. Lebreton*). — Costume : Tunique de velours bleu brodé et fleurs de lys or fin , dessous moire antique gris perle , caparaçon velours blanc brodé d'or ;

25º LE DUC D'ALENÇON (*M. Nupied).* — Costume : Tunique velours-soie bleu et satin blanc, fleurs de lys or fin , caparaçon velours blanc et bleu brodé d'or ;

26º JEAN II et PIERRE II DE BOURBON *(MM. Piette et Segretain ;* riches costumes ornés d'or ;

27º L'ARGENTIER DU ROI (*M. d'Argencé*). — Costume : Pourpoint, manteau velours-soie grenat , brodé d'or ; caparaçon d'azur, armorié au lion passant d'or ;

28º CAPITAINE DES PAGES (*M. Henri Meslay).* — Costume : Velours bleu , soie et satin blanc brodé d'or ; caparaçon blanc brodé d'or ;

29º QUATRE PAGES (*MM. Bernard , De La Grange Louis, Faucher et Courgenou).*—Costumes : Velours violet , brodé d'or , manches mahoîtres garnies satin bleu et or ; caparaçon velours bleu , brodé d'or ;

30º QUATRE AUTRES PAGES *(MM. Fichepoil, Louvel, Geneslay et Rebuffé)*. — Costumes : Tunique velours bleu , capuchon satin ponceau ; caparaçon orange brodé d'argent ;

31º DIX ARQUEBUSIERS PORTE - BANNIÈRES *(Soldats du 46ᵉ de ligne)*.—Costumes : Brun et or , casque , cuirasse à mailles d'acier ;

32º DIX HALLEBARDIERS *(Soldats du 46ᵉ)*. — Costumes : Velours noir , casque , haubert ;

33º AMBASSADEURS. — AMBASSADE DE MILAN. — Six Sonneurs de trompe à cheval *(MM. Sorbiati , Marçais , Gay , Leboisne , Huard , Kervelat. —* Costumes : Pourpoint de buffle à manches vertes et argent. —Les airs sonnés l'ont été de façon à exciter les applaudissements de la population entière ;

34º DIX NÈGRES en tuniques blanches , commandés par un chef au costume oriental , rouge avec fleurs et chinoiseries d'or. — Ils portent un trophée superbement agencé et formant une pyramide de branchages contournés , auxquels sont appendus , avec un goût supérieur , un loup , deux chevreuils , un renard bleu , un héron , des bécasses , perdrix , faucons , courlis , etc. ;

35º DEUX ÉCUYERS , tenant les bannières du duc de Milan , *d'argent à un serpent tortillant d'azur et couronné d'argent , engloutissant un enfant de gueules.* — Costumes du temps ;

36º L'AMBASSADEUR DE MILAN , GALÉAS , comte de Cayozzo , représenté par *M. Rubillard.* — Costume : Pourpoint , manteau , rheingrave velours-soie violet et satin blanc , richement brodés d'or ; caparaçon velours blanc brodé d'or ;

37º TROIS SEIGNEURS MILANAIS représentés par *MM. Paumard , Nupied et Bridier.* — Costumes : Pourpoint , manteau , rheingrave velours-soie , broderies et crevés satin violet ; caparaçon velours blanc , violet et or ; pourpoint , manteau , rheingrave , brocard soie bleue et argent ; caparaçon velours blanc et bleu , brodé d'or ;

38º DEUXIÈME AMBASSADE. — Deux écuyers porte-bannières. — Costumes : Pourpoint écussonné à aigles ;

39º L'AMBASSADEUR , grand chancelier du roi de Hongrie, Mathias Corvin dit le Grand, représenté par *M. Des Cepeaux* —Costume : Cafetan bleu brodé d'or, tunique cachemire blanc à broderies or et couleur ;

40º DEUX SEIGNEURS HONGROIS *(MM. Chauvin et Bouvier)*.—Costume : Cafetan bleu et tunique brodée d'or et couleur ;

41º DIX VALETS , écussonnés ;

42º TROISIÈME AMBASSADE. — Deux écuyers portant l'étendard de Naples , aux armes d'*azur, semé de fleurs de lys d'or , au lambel de gueules de cinq pendants ;*

43º L'AMBASSADEUR ANTONELLO , prince de San-Severino, représenté par *M. Gerbault.*—Costume : Pourpoint brocard à fleurs d'or ; caparaçon armorié ;

44º DEUX SEIGNEURS *(MM. Boissel et Hureau).* — Costumes : Pourpoint velours ponceau ; pourpoint velours vert brodé d'or ;

45º DIX VALETS BLEUS , écussonnés ;

46º QUATRIÈME AMBASSADE. — Deux écuyers portant la bannière de Venise , d'*azur à un lion d'or ailé et assis , tenant un livre ouvert d'argent sous la patte ;*

47º L'AMBASSADEUR DE VENISE , représenté par *M. Théophile Veillard.* — Costume : Pourpoint velours noir , manteau et rheingrave brodés de jais ;

48º DEUX SEIGNEURS VÉNITIENS *(MM. Feron et Segretain).* — Costumes : Velours violet et or ; velours grenat et or ;

49º DIX VALETS bruns , écussonnés ;

30º AMBASSADE DE ROME. — Deux écuyers portant la bannière de l'Église , composée de la thiare du

Souverain Pontife , de gueules environnée d'une triple couronne d'or , ornée d'un globe et d'une croix à son sommet , avec deux pendants semés de croisettes , derrière l'écu de deux clefs en sautoir , l'une d'or et l'autre d'argent ;

51° L'AMBASSADEUR ANTONIO FLORÈS , représenté par *M. Lasnier*. — Costume : Pourpoint , manteau , rheingrave velours-soie ponceau , satin blanc brodé d'or ; cheval caparaçonné blanc et vert , brodé d'or ;

52° DEUX SEIGNEURS ROMAINS (*MM. Tolet et Adolphe Cré*). — Costumes : Velours noir brodé de jais ; brocard argent :

53° DIX VALETS. — Costumes : Rouges à croix blanche ;

54° VINGT-UN HALLEBARDIERS en velours noir , casque et hautbert ;

55° SEIZE GENDARMES à cheval , grande tenue ;

56° LE CHAR DE L'INDUSTRIE.

On se rappelle l'effet prodigieux que produisit la vue du Char de l'Industrie à nos fêtes de septembre 1852. Nous écrivions alors : « Tous ceux qui n'ont point vu de leurs propres yeux ce colossal objet d'art , qui ne l'ont point étudié dans chacune de ses parties , ne pourront s'en faire une idée d'après la description que nous allons essayer d'en faire. »

Eh bien ! ce que nous disions il y a cinq ans du Char de 1852 , nous pouvons le répéter à l'endroit de son digne frère de 1857. Ce qui , pour nous , en est une marque certaine, c'est qu'à l'aspect du Char dont nous allons essayer de faire une description , bien incomplète sans doute , tous les spectateurs laissaient échapper des murmures de plaisir et d'admiration.

Le chariot sur lequel s'élevait cette œuvre d'art, tout à la fois colossale , légère et gracieuse , appartenait à l'administration des Messageries impériales. Des guirlandes de cotons bleu et blanc cachaient, en descendant jusqu'à terre , la forte charpente du chariot,

Une élégante galerie , formée de guirlandes reliant entre elles 56 navettes à la main et dorées , garnies de leurs volues de différentes couleurs, régnait tout autour du Char et encadrait six piédestaux faits au moyen de six douzaines de peignes ou lames de tisserands , revêtus de tresses de cotons.

Sur ces piédestaux se déroulaient en forme d'S six consoles de 7 mètres de long , tressées en cotons de six couleurs, et larges au sommet de 30 centimètres et à la base de 50 centimètres.

Ces consoles étaient couronnées par une marquise en tresses de coton de couleurs diverses , d'une largeur de 65 centimètres , et le tout relié par une guirlande également en tresses , surbaissée d'une draperie en petites volues au nombre de treize cent quatre-vingt-quatre.

Le couronnement de cette marquise se composait de six grandes navettes de 1 mètre 75 centimètres de longueur , en tresses de cotons de six couleurs. Chacune d'elles , garnie de sa volue , ne pesait pas moins de 3 kilogrammes 500 grammes.

Au-dessus de ce couronnement se dressait un large dôme hexagone en calicot de différentes couleurs.

Sur ce dôme était une flèche formée d'un châtelet en volues de six couleurs, laissant échapper une oriflamme également de six couleurs, le tout ayant pour pointe un faisceau de six navettes dorées avec leurs volues.

Au pied de cette œuvre d'art se tenait, sur le devant, une petite fileuse de quatre ans, la jolie petite Marie-Louise Vilfeu , tournant le rouet comme la vieille Marguerite de la Dame Blanche. Les souvenirs n'assombrissaient pas son front ; c'était la vision heureuse du printemps qui doit faire épanouir le lis et la rose.

Entre chaque piédestal , de charmantes fileuses au fuseau ; sur l'arrière, deux jeunes lisseuses faisant les lissures pour passer les pièces de coutils.

Ce Char monumental avait en hauteur 12 mèt. 80 c.; en longueur 7 mèt. 65 c. ; en largeur 4 mèt. 30 c.

Il y était entré 500 kilog. de coton, agencé écheveaux par écheveaux , attachés ensemble au moyen d'un bout de coton.

Il était traîné par onze chevaux richement caparaçonnés suivant les couleurs du Char.

Nous pouvons le dire , ce Char, ainsi conçu et exécuté , a dû coûter plus de deux mois de travail à son auteur , M. Prosper Vilfeu. Il témoigne de son goût , de son talent et de sa patience. L'admiration publique l'a récompensé noblement de son labeur et de son dévouement au pays.

57° LE CHAR DES CHAUFOURNIERS.

Rien sans doute de moins poétique qu'un four à chaux s'il ne représentait les vieilles tours carrées ou rondes des vieux châteaux du moyen âge, d'où les chevaliers bardés de fer s'élançaient à la conquête de la Terre Sainte , ou pour courir sus aux Anglais. Le char qui nous occupe était remarquable par ses dimensions. A partir du plancher du chariot , l'édifice s'élevait à la hauteur de sept mètres sur cinq de circonférence. Il était couronné au sommet de quatre oriflammes de couleurs verte , bleu , jaune et blanche. A sa base , tout un matériel d'instruments pour fours et carrières , au milieu duquel se tenaient , armés de leurs outils , vingt-cinq ouvriers pionniers et chaufourniers. Une jante en mauvais état ne lui a pas permis d'accomplir le dernier tiers de sa course.

Ce char était traîné par 14 chevaux caparaçonnés aux quatre couleurs.

Il était l'œuvre du bon vouloir de MM. Hubert , Guichard , Gerbault et Métairie de Saint-Berthevin ; Vétillard de Montsûrs ; Bourbon de Gennes ; Guédon du Bourgneuf, et MM. Ricosset de Forcé et Parné.

58° CHAR DE L'AGRICULTURE.

Original de pensée, simple de forme, vrai d'expression, le char de l'Agriculture a été salué sur son passage par des applaudissements sympathiques.

Que l'on se figure une immense voiture à quatre roues, couverte de gerbes sur une étendue de huit mètres en longueur et de quatre en largeur. Les gerbes, subdivisées en petite parties, ont été disposées avec une adresse telle qu'elles ne présentent aux yeux éblouis qu'une masse d'épis qui ondulent en mouvements capricieux, s'élèvent, s'abaissent, s'épanouissent et se rétrécissent pour s'épanouir et se rétrécir encore, s'enroulent autour du char et des roues qu'elles enserrent de leurs courbes gracieuses et enrichissent de leurs festons dorés, sans les cacher en entier et sans gêner aucun de leurs mouvements.

Huit moissonneuses sont plutôt couchées qu'assises sur les flancs du char, auxquels elles semblent suspendues par un miracle d'équilibre. Leurs pieds agencés dans les gerbes et le poids de leur corps ont fait refluer les épis qui semblent se jouer autour de leurs vêtements qu'ils frangent d'or.

Leur costume consiste en une robe écossaise à carreaux rouges et bleus ; cette robe, échancrée sur la poitrine, laisse apercevoir un fichu aux couleurs similaires. Elles portent toutes le tablier blanc à bavette (ou baverette) ; leur tête est couverte d'un chapeau de paille des champs, couronné de bluets ; elles tiennent à la main des faucilles, des râteaux, des fourches ornés de rubans et de fleurs ; leur attitude est naturelle et convenable.

Au centre du char, dans l'axe des grandes roues, s'élève une gerbe colossale ; son diamètre à sa barbe n'est pas moindre de 1 m. 50 c. Par un galbe gracieux, elle va se rétrécissant vers le col pour s'épanouir ensuite avec plus de coquetterie et étaler aux yeux de tous les contours élégants de son opulente chevelure, naguère ondoyant au-dessus de nos champs, privés aujourd'hui de cette riche parure, et, s'il est permis de parler ainsi, symbolisant pour ainsi dire la richesse de notre département.

Autour du col de la gerbe vient s'arrondir une énorme embrasse de fougère, éclairée de bouquets d'épis et de fleurs des champs. A cette embrasse sont suspendus quatre câbles, également tressés en fougère, suivant le galbe de la gerbe d'honneur et tous les mouvements du char, aux flancs duquel ils viennent se rattacher.

Au-dessus de la gerbe figure un énorme bouquet, prélude de l'amortissement du char.

Ce bouquet, étranglé à sa base par une cravate de paille tressée, est composé de fougère et de fleurs des champs ; sa hauteur totale est de 2 m. ; sa largeur de 1 m. Il tranche, par sa verdure, sur la teinte dorée des épis et sert de transition à l'amortissement final, dont le public n'a malheureusement pas été à même d'apprécier le gracieux effet, mais que nous avons vu et dont voici la composition :

Cet amortissement consistait en un faisceau d'instruments agricoles superposés.

D'abord huit râteaux légèrement inclinés et enrubannés, puis seize faucilles formant une brillante auréole; au-dessus, huit faulx de couronnement.

Les interstices étaient remplis par des embrasses en fougère, maintenues par des liens de paille, ornés de rubans et de fleurs champêtres, enfin le faisceau était terminé par une toute petite gerbe ornée d'un bouquet de roses, que les ouvrières de M. Moulinais-Barbrel avaient offerte au comice agricole, et que l'une d'elles, douée d'une hardiesse que n'ont pas toujours des hommes plus fortement trempés, est allée placer elle-même à dix mètres de hauteur, n'ayant pour tout point d'appui qu'une planche de sapin de dix-neuf centimètres de largeur.

Le char était traîné par quatre paires de bœufs habilement dirigés par huit moissonneurs en habits de fête, mais en simple chemise, pantalon de toile et ceinture rouge.

A ce char, éminemment poétique malgré son apparente simplicité, rien n'a manqué, ni la pensée créatrice, ni la persévérante direction, ni le mérite de l'exécution due à M. Renous, architecte en notre ville, aidé de quelques sociétaires zélés de l'Aurore, MM. Deschamps, Nourry, Bouin, Déligeon, et principalement à l'employé de ce dernier, M. Levêque, jeune homme plein d'intelligence, d'adresse et d'activité, qui a exécuté, presque seul, le couronnement de la gerbe d'honneur, enfin à M. Moulinais fils. Les gerbes avaient été fournies par M. Moulinais-Barbrel père, qui s'était également occupé des costumes et des bœufs, et qui s'est montré, dans cette circonstance comme par le passé, l'homme du mouvement et du progrès.

La gerbe principale ne contenait pas moins de 400 gerbes ordinaires.

59e LE CHAR DE LA MÉTALLURGIE.

Ce char était la représentation en petit d'une usine de fonderie, de chaudronnerie, de forgeron et de mécanicien.

Il se composait, au centre, des deux pièces principales ; une locomobile en feu et une machine à battre montées sur le même chassis.

L'avant du char présentait, aux deux angles, deux calorifères surmontés chacun d'une colonne avec globe à son sommet. Des drapeaux, des oriflammes et des roues d'engrenage en décoraient la façade.

A l'intérieur étaient diversement placées deux machines à percer, à engrenages, une machine à raboter les métaux, une forge volante, un étau, des roues d'engrenage, etc.

L'arrière se terminait par des machines à vapeur, des engrenages de diverses dimensions, des vis de pres-

soirs , des calorifères en cuivre , des viroles de chau-
dières , des crics et des tuyaux en cuivre.

Sur les côtés de ce char s'allongeaient des poutres de
pont de chemin de fer , à une élévation au-dessus du
sol de près de cinq mètres.

Les tréteaux qui supportaient ces poutres disparais-
saient sous des engrenages et des outils appartenant aux
divers métiers qui avaient concouru à l'exécution du
char.

Enfin des guirlandes en chaînes supportées par des
balustres et des ornements en fonte formaient autour du
char une sombre et majestueuse draperie.

Pendant la marche, deux chaudronniers , aidés d'un
teneur d'abattage et d'un chauffeur de clous , plaçaient
des rivets sur la virole de la chaudière , tandis que
d'autres ouvriers rabotaient ou perçaient divers objets de
cuivre , de fonte et de fer.

Deux drapeaux, sur lesquels on lisait cette inscription:
*Industrie métallurgique, Chaudronnerie, fonderie
et mécanique*, indiquaient que tous les ateliers de ces
diverses professions de notre ville avaient concouru à
son édification.

Ce char , traîné par douze chevaux , était d'une longueur de 7 mètres sur 4 de large ; il pesait, sans le
chariot, douze mille kilogrammes.

60° CHAR DE MM. RENAUD ET LOTZ JEUNE DE NANTES

Cétait une magnifique locomobile, avec batteuse à
volant doré. Cette machine , de la force de quatre
chevaux , fonctionnait d'une manière non moins
régulière que violente. Sur son passage elle avait plus
d'une fois excité des éclats de rire en couvrant les
spectateurs de pailles hachées.

Sur toute la ligne de notre belle chevauchée , de
nombreux quêteurs , vêtus en religieux de Saint Jean
de Jérusalem et de différents ordres religieux militaires,

recueillaient , à travers la foule , des aumônes qui auront réjoui le pauvre dans sa demeure.

Le produit de cette quête s'est élevé à la somme de 3,525 fr. 08 c. ; il eût été beaucoup plus considérable si une averse n'était venue malheureusement jeter le trouble dans la foule et la forcer à se retirer. Malgré ce contre-temps , nos jeunes gens n'en ont pas moins continué leur marche , et sont arrivés sous une pluie battante sur la place de Hercé , où ils n'ont pu se livrer aux jeux d'un tournois , qui allait faire tomber dans la bourse des quêteurs 7 à 800 francs de plus pour les pauvres.

L'organisation des magnifiques fêtes de samedi soir et de dimanche fait grandement honneur à MM. de La Grange et Boutreux. Tout le monde en a été émerveillé. L'épisode de l'histoire de France qu'ils ont mise en action sous nos yeux intéressait particulièrement notre cité et, comme nous le disait un de nos compatriotes , M. Valin , il est bon de reproduire ces scènes des temps passés. On se retrempe à son berceau , et l'on devient meilleur. La tradition est un livre de haut enseignement ; malheur aux nations qui ne s'appuient sur rien dans le passé. Les peuples qui n'ont pas de passé n'ont guère d'avenir.

Merci donc , merci mille fois à tous nos jeunes gens qui donnent un si fier démenti aux calomniateurs de notre belle Mayenne.

QUATRIÈME JOURNÉE
(Lundi 7 septembre).

FÊTE VÉNITIENNE,

Illumination générale, — Concert sur l'eau, — Feu d'artifice.

Le lundi 7 septembre , la foule s'est de nouveau portée à notre Palais de l'Industrie et aussi sur la place de Hercé pour assister au jeu du mât de Cocagne et aux autres divertissements.

Le soir , la ville a été illuminée. Les rues de Joinville , Napoléon et la façade des maisons sur le bord de la rivière étaient resplendissantes de lumières. C'était comme un assaut général de bon goût et de bonne volonté. Ici des draperies de flammes , là des bosquets de feux sur des balcons ; partout des oriflammes au milieu de guirlandes et de dessins lumineux multicolores ; là des trophées s'appuyant sur l'écu de Laval ; plus loin des transparents aux armes de France et de Laval ; puis tous les candelabres de l'éclairage au gaz transformés en étoiles ou couronnes.

Au milieu de ce magnifique incendie se dessinait la mairie de Laval avec ses colonnes sillonnées de torsades en feux de couleur , ses arcades garnis de lustres étincelants , ses médaillons de fleurs au milieu desquels brillaient les armes des départements qui concourent à notre Exposition ; et les arcades de la salle des concerts, décorées , celle du milieu d'un transparent représentant l'INDUSTRIE distribuant des couronnes , et les deux autres les portraits , en gaz , de LL. MM. l'Empereur et l'Impératrice.

Au-devant de ce palais féerique s'étendait la promenade de la mairie , figurant un autre palais de feux sous des arbres enchantés , et semblant attendre une danse de fées que devaient éclairer ces milliers de fruits lumineux , ces lanternes vénitiennes et ces globes à feuillages et fleurs sur leur surface.

A huit heures , la musique de notre ville et celle du 2e de Chasseurs à cheval ont exécuté des morceaux d'harmonie sur la Mayenne. Une ville mouvante en feux de couleurs courait sur les eaux , du sein desquelles s'élançaient des gerbes de feu qui retombaient en brillantes étoiles. Puis , de temps à autre , des chandelles romaines , à l'instar des bombe projetées d'une forteresse , s'élançaient d'une croisée du quai de Béatrix du côté de la rivière , tandis que des feux de Bengale , allumés dans une grande barque parfaitement décorée par les soins de M. Boutreux, éclairaient les monuments et l'immense population qui encombrait les quais et les ponts, et changeaient en rubis, en émeraudes, en poussière d'or l'averse que les nuages orageux versaient sur nous sans nous effrayer.

CINQUIÈME JOURNÉE
(Mardi 8 septembre).

CONCOURS DES ANIMAUX REPRODUCTEURS
sur la Place de Hercé, — Grand Concert à la Mairie.

Le jour de la fête de la Nativité de la Très-Sainte Vierge ne saurait jamais être oublié par l'armée française, car c'est à pareil jour que prirent fin les terribles épreuves auxquelles furent soumis, pendant onze mois, la patience et le courage de nos soldats.

Aussi le dépôt du 46e de ligne, en garnison en notre villle, s'est-il empressé, le 8 septembre, jour anniversaire de la conquête, si chèrement achetée, de Sébastopol, de faire prier, en l'église de Notre-Dame de Laval, le Dieu des armées pour ceux de leurs camarades qu'ils ont laissés, loin de la patrie, ensevelis dans leur triomphe.

M. l'abbé Félix Coquereau, aumônier général de la flotte, notre compatriote, M. le général Gallemant, commandant la subdivision, les officiers et soldats de toutes armes qui se trouvaient en notre ville et la musique du 2e chasseurs à cheval, venue du Mans pour embellir les fêtes de notre Exposition régionale, assistaient, avec la garnison, à cette solennité religieuse.

CONCERT
avec le concours de Mme Ugalde, des frères Lionnet et de M. Sivori.

Nous n'avons point assisté à ce concert ; nous ne pouvons par conséquent en faire un récit détaillé ; seulement nous rappellerons ici ce que nous avons dit en une autre occasion de M. Sivori :

« Le talent hors ligne de ce violoniste sur le front duquel brille un reflet lumineux de la gloire de Paganini , nous semble tel que nous sentons l'impossibilité de l'analyser dignement. Comment, en effet , espérer de pouvoir donner une idée passable de la puissance magique de son archet, de la finesse et de l'agilité du toucher de l'artiste, de cette poésie de sentiment qui se traduit en des sons qui saisissent le cœur et tiennent du prodige. Comment cet instrument, composé de quelques morceaux de bois , peut-il , comme le violon de Crémone, recéler la puissante énergie d'un orchestre entier , les sanglots d'un mourant, le cri plaintif, tendre, pétulant d'un oiseau, la parole nasillarde d'une vieille femme en colère , le souffle d'un cœur accablé de tristesse et de douleur , les sons d'une voix rauque et hargneuse , le sifflement de l'éclair dans l'espace et l'insaisissable murmure de l'aile du moucheron dans les airs ! Que dire de cette âme renfermée entre quelques fragments de bois , et qui parle , caresse , gémit , menace et s'exhale en des sons aériens , célestes ou diaboliques ? On trouve pourtant de tout cela dans le talent de M. Sivori , qui exécute sur une seule corde les merveilleux accords d'un orchestre , et fait chanter tout à la fois sur son violon un oiseau de l'Amérique du sud et la plus délicieuse Malibran de l'Opéra. »

SIXIÈME JOURNÉE
(Mercredi 9 septembre).

GRAND BAL DANS LES SALLES DE LA MAIRIE.

ILLUMINATION DU JARDIN DE L'AURORE.

Dimanche dernier , la société de l'Aurore , à qui le mauvais temps n'avait pas permis de participer aux fêtes de notre Exposition , n'a pas manqué de saisir la belle soirée du 13 septembre courant pour faire monter dans les airs , à plus de 100 métres au-dessus de nos promenades de la Mairie, une magnifique étoile de sept mètres de circonférence, composée de mille verres étincelants de feux de couleurs.

L'effet produit par cette illumination, se détachant sur le fond noir de l'horizon, était tout à la fois charmant et grandiose. A douze ou seize kilomètres de distance, cette apparition d'une étoile inconnue a peut-être porté le trouble dans l'esprit des populations encore plongées dans l'appréhension de la fameuse comète à laquelle on a attribué la secrète puissance d'avoir excité Charles-Quint à se faire moine. Juste ciel ! où en serions-nous si par hasard l'étoile du jardin de l'Aurore allait provoquer, soit à Montsûrs, soit à Sainte-Suzanne, par exemple, une démangeaison semblable ! Que Dieu nous en préserve, car nous n'avons point d'*Escurial* à Laval pour recueillir tout ce monde. C'est effrayant rien que de songer aux ravages qu'occasionnerait chez nous une telle épidémie. Toutefois, le cas échéant, MM. de l'Aurore doivent prendre tous les frais à leur charge ; ils se rembourseraient, si bon leur semblait, après cela, sur la vente des perruques tombées sous le ciseau de l'ordre.

INAUGURATION DU THÉATRE.

C'est, comme on sait, le 1er septembre, jour de l'ouverture de notre Exposition à notre palais de l'Industrie, qu'a eu lieu l'inauguration de notre théâtre restauré.

A peine les portes en eurent-elles été ouvertes que la foule, en y entrant, a laissé de toutes parts échapper le même cri : C'est un bijou, on dirait un immense sofa or et velours, à étages supportés par des caryatides charmantes, de bon goût et d'une pose délicieuse, et décorés de médaillons en bosses d'un effet charmant. Les loges, quoique petites, sont de véritables salons, avec draperies de velours cramoisi à crépinettes, ornementations, cordons et glands d'or. Rien n'est coquet comme la balustre dorée qui s'avance au devant des premières !

Grâce à M. Saint-Léon , la salle de spectacle de Laval est devenue une jolie corbeille où les fleurs de toutes couleurs et de toutes nuances peuvent s'étaler avec avantage.

Que de soins attentifs il va falloir pour entretenir la fraîcheur de cette jolie bonbonnière !

La plume de chroniqueur que nous tenons en ce moment réclame de notre part une petite observation que voici :

Pourquoi, en voulant honorer le théâtre des armoiries de notre ville , les a-t-on représentées sous la figure d'un *lion passant?* Si l'on veut faire de l'histoire, faisons-la vraie du moins, ou n'en faisons pas du tout et vivons comme si nous étions nés d'hier.

Si , partant de là , l'on rejette le glorieux passé de nos pères , et que l'on veuille néanmoins donner des armoiries à notre ville , concevons-les du moins d'après les règles du blason. Or, suivant ces régles, le *lion* est toujours *rampant* ou *grimpant* , et fait exception à la règle quand il est *passant ;* il est dit alors *lion léopardé.*

Mais , si nous ne rejetons pas l'histoire , nous devons nous conformer à ce que nous enseignent les anciens choniqueurs Lavallois. Or , que nous disent-ils ? Que les armes de Laval étaient *d'or à la croix de gueules, chargée de cinq coquilles d'argent , cantonnées de seize alèrions d'azur* , armoiries qui furent divisées pour y réunir celles-ci, gagnées , en 1066 , par un fils de la maison de Laval à la célèbre bataille d'Hasting , et qui sont de *gueules au léopard d'or.*

Si cela est, et il ne serait pas facile de prouver le contraire, soyons des gens sérieux et n'admettons pas à cet égard , sans examen , une opinion erronnée. Que le cas soit résolu d'après des recherches consciencieuses faites à ce sujet et présentées, sous forme de mémoire, à MM. les membres du Conseil général du département et à MM. les membres du conseil municipal de Laval , qui décideront en dernier ressort.

En attendant , nous protestons contre les prétendues armoiries de la ville de Laval , placées au sommet du théâtre. (*Voir le dernier chapitre de cet ouvrage.*)

L'Administration municipale de Laval
à ses Concitoyens.

Avant la clôture des fêtes de l'Industrie , si heureusement célébrées pour la seconde fois en cette ville et si remarquables par le bon ordre qui n'a cessé d'y régner , l'Administration municipale éprouve le besoin d'exprimer ses sentiments de gratitude envers tous ceux qui ont concouru, par leurs travaux , leurs conseils et leurs efforts , à donner à ces fêtes l'éclat qui les popularise.

Exposants , commissaires préposés à l'organisation de ces fêtes , commerçants , artistes, ouvriers , habitants ou étrangers , vous tous qui y avez pris une part si active , recevez donc nos vifs remercîments ; que le plaisir procuré par ces fêtes , les bienfaits envers les malheureux dont elles ont été l'occasion , restent dans notre souvenir et nous disposent à leur retour en quelques années.

A l'Hôtel-de-Ville , à Laval , le 12 septembre 1857.

Les Conseillers municipaux , délégués ,

QUERUAU-LAMERIE , H. VAUGUYON,

MOTTIER.

Journaux Etrangers.

EXTRAIT DE L'*Espérance du Peuple* , JOURNAL DE NANTES.

« Appelé par mes affaires à Laval , j'y suis arrivé au moment de l'Exposition régionale des départements de l'Ouest , dont l'ouverture a eu lieu le 1er de ce mois. Charmé autant que surpris de l'éclat des fêtes qui ont eu lieu à cette occasion et de la splendeur de cette Exposition , j'ai été conduit à prolonger mon séjour plus qu'il n'était entré dans mon projet.

» Pour justifier cette infraction à mes habitudes , j'avouerai , tout d'abord , que je n'ai vu nulle part des fêtes plus brillantes , mieux ordonnées et d'un meilleur goût que celles dont j'ai été témoin : cavalcade historique , soirée vénitienne d'un aspect féerique , bal où les plus brillantes toilettes éclipsaient l'éclat des lumières , concert où se sont fait entendre plusieurs célébrités artistiques , rien n'y manquait ; aussi , et malgré la contrariété causée par l'inclémence du temps pendant la fête vénitienne , l'entrain , la satisfaction, l'enthousiasme même régnaient sur tous les visages.

» Il est difficile , quand on n'a pas vu l'Exposition universelle de 1855 , à Paris , de se figurer une réunion plus complète, plus variée des produits des arts et de l'industrie , classés avec un ordre, un goût, un tact plus parfait.

» Honneur aux édiles qui ont si bien compris la gloire et les avantages qui réjaillissent sur une cité d'un œuvre semblable.

» Honneur surtout aux membres de la Commission pour le zèle et le talent qu'ils ont déployés dans l'organisation d'un œuvre qui ne laisse rien à désirer , et que leur enviera plus d'une ville de premier ordre. »

EXTRAIT DU Monde Illustré.

« Fêtes historiques de Laval.

» Une innovation à laquelle on ne saurait trop applaudir , car elle révèle une élévation du niveau moral dans l'esprit des populations , c'est l'extension des solennités historiques dans la France occidentale. Ces cortéges , ces cavalcades , ces processions , destinés à reproduire un des souvenirs qui dominent le passé de la ville qui en fut et qui en redevient le théâtre , étaient autrefois le privilége de quelques cités spéciales , parti-

culièrement dans le nord de la France , qui semblait
les avoir empruntés aux goûts artistiques et à l'esprit
d'ostentation des Flandres espagnoles ; les voilà qui
s'acclimatent dans notre vieille Armorique. Avranches
a pris l'initiative en célébrant la session de l'Association
normande dans son arrondissement par l'entrée solennelle de Louis XI dans ses murs ; Rennes est venue
ensuite : quelle plus belle association pouvait s'en offrir
que l'inauguration de son chemin de fer ? Elle l'a saisie.
Laval a eu son tour. Le 5 et le 6 septembre 1857 lais-
seront une impression profonde dans la mémoire du
pays.

» D'après la vieille chronique en vers de Guillaume
Le Doyen , Charles VIII , attiré à Laval par les guerres
de Bretagne , y reçut au mois de septembre 1487 :

> Ambassades de tous quartiers
> Venoient au Roy pour l'onnorer,
> Et luy apporter des nouvelles,
> Donner chevaulx et robes belles
> De drap d'or , d'argent et de soye ,
> Couppes d'or-azur , que c'est joye,
> De Venise , de Romanie,
> De Millan , aussy de Hongrie ,

» C'est cet événement de son histoire que Laval a
voulu représenter, et elle l'a reproduit avec un goût et une
magnificence qui ont complètement effacé l'éclat de nos
défilés scéniques les plus pompeux. Cette solennité s'est
divisée en deux actes.

. . . .

» C'était le passé invoqué dans ses pompes et dans ses
splendeurs ; mais au passé apparaissant ainsi dans le
nimbe d'or du souvenir venait se joindre comme dans
toutes ses fêtes, le présent dans la riche et noble réalité,
le présent avec les emblêmes de toutes ses activités fé-
condantes. Nous avons voulu donner une idée de cette
intéressante partie du cortége en reproduisant le char
symbolique qui a produit le plus d'effet sur l'affluence

des spectateurs accourus de tous côtés à cette fête. Voici en quels termes M. Charles Maignan décrit, dans l'*Echo de la Mayenne*, cette ingénieuse construction, dont tous les éléments étaient empruntés à l'industrie des tissus *(voir page 34).*

» Disons, en terminant, que la pensée et l'exécution de cette belle exhibition, empruntée à tout ce qui fait sa célébrité ; honorent également la ville de Laval ; son exposition artistique et industrielle ne pouvait avoir une plus naturelle et plus heureuse illustration que cette page ravivée de ses chroniques. »

———

Les journaux de la capitale nous ont presque tous fait l'honneur de reconnaître que Laval avait, par ses fêtes, dignement rivalisé avec Rennes, Avranches, etc. , qui, assurent-ils, ont, à cet égard, servi d'exemple à Laval.

Nous sommes fiers du loyal hommage que la presse parisienne a bien voulu rendre à la beauté des fêtes de notre Exposition ; mais elle commet une erreur quand elle prétend que Laval suit l'exemple qu'elle-même, en 1852, avait donnné aux villes d'Angers, d'Avranches, du Mans et de Rennes, qui depuis ont marché tout simplement sur ses traces, sans la surpasser toutefois.

———

L'*Auxiliaire breton* DE RENNES.

Nous croyons devoir remercier ici, au nom de nos compatriotes, l'administration du journal l'*Auxiliaire breton* qui, seul des journaux des grandes villes qui nous avoisinent, a bien voulu, en la personne de son rédacteur en chef, nous faire l'honneur d'assister à nos fêtes, du moins à celle du dimanche 6 septembre.

Il est résulté de cette visite un compte-rendu plein d'esprit de notre cavalcade historique, dans lequel se laisse, il est vrai, apercevoir je ne sais quelle petite contrariété tant soit peu amère.

Ce que c'est que d'être homme et d'oublier qu'il est

parfois bon d'emprunter au sexe quelque peu de son savoir en matière de ruse !

On sentait si bien son tort d'avance que M. le rédacteur en chef de l'*Auxiliaire breton* n'a pu retenir ce soupir : « Est-ce tout ? Je crois que oui ; mais d'a-
» vance je déclare que je ferai amende honorable si
» j'ai oublié quelque chose. Et certes je compte bien
» recevoir plus d'un horion pour plus d'un péché. »

Non, nous ne réclamons aucune amende honorable de la part du brave *Auxiliaire breton*, car il s'est mis au diapason des plus grands journaux de la capitale quand il a dit : « De quelque côté qu'on cherche
» à voir Laval, pourvu qu'on se place sur une des col-
» lines qui lui forment un lit de verdure, au milieu
» duquel coulent les belles eaux de la Mayenne, l'œil
» est agréablement flatté, car rien n'est gracieux
» comme l'ensemble de cette ville. »

Puis, quand il a dit :

« Le soir venu, j'eusse voulu voir le spectacle, ne
» fût-ce que pour juger un peu la troupe qui doit inau-
» gurer bientôt notre salle restaurée. Ceci, c'était tout
» simplement un travail d'Hercule. — O vous qui vous
» plaignez du sergent de ville quand il vous force à
» suivre l'ordre établi par une autorité paternelle, que
» n'étiez-vous dimanche soir aux portes du théâtre de
» Laval ! Là, on ne faisait pas queue ; il y avait au con-
» traire un superbe tohu-bohu de personnes prétendant
» voir la *Dame Blanche*. Les uns avaient leurs bil-
» lets en poche, chose qui leur semblait sûre ; les
» autres n'avaient que leur argent, ce qui était encore
» plus sûr. Mais le droit de tous était également négatif
» devant une porte unique s'ouvrant de temps à autre
» pour absorber quinze à vingt lutteurs, sans acception
» de payants ou d'ayant payé. — A sept heures et de-
» mie, il a fallu inviter ceux qui, bien que munis de
» billets, n'avaient pu entrer, à revenir le *lendemain*.

» Le lendemain ! Mais tous les hôtels de Laval en
» disaient autant à ceux qui sollicitaient un lit. — Seul,
» le chemin de fer était assez hospitalier pour ouvrir ses
» wagons et dire : Aujourd'hui. — Nous nous y sommes
» jetés , — nous ne dirons pas sans peine , car là aussi
» il y avait plus d'appelés que d'élus , mais admirant
» une population CALME et MODÉRÉE , en présence de
» petits étouffements qui chez nous , qu'on répute *dè-*
» *bonnaires* , eussent amené plus de réclamations , de
» récriminations et de vociférations qu'on n'en entend à
» la porte de l'Institut un jour de séance publique. »

Voilà un jugemement de la part d'un homme d'esprit qui nous flatte et nous honore. Aussi pouvons-nous
affirmer à M. le rédacteur en chef de l'*Auxiliaire
breton* qu'il peut parfaitement se rassurer , qu'aucun
article Damoclès n'est en ce moment suspendu sur sa
tête ; seulement nous lui ferons observer que son brillant article a besoin de divers *errata.*

Le premier , pour rectifier l'erreur qu'il a commise en
faisant continuellement apparaître *Louis VIII* au lieu
de *Charles VIII ;*

Le second , pour reconnaître qu'un rédacteur en chef
d'un journal de Rennes, qui *a battu des mains en l'honneur de la cavalcade lavalloise*, a été assez aimable,
dans l'enthousiasme que lui inspiraient nos fêtes , pour
formuler son admiration d'une toute autre manière que
par cette phrase : « Vous avez un superbe soleil ! »

Le troisième , c'est qu'il devrait remettre conscien-
cieusement à leur place tous nos chars qu'il a bousculés
les uns par-dessus les autres ;

Le quatrième , c'est qu'il doit proclamer par-dessus
les toits que rien à Laval n'a donné place à la critique
des journalistes de la capitale, et qu'aucun de mes concitoyens bien-aimés ne se mettra en peine, par mauvaise humeur , de *tailler les côtes* de ces pauvres
diables de Parisiens ;

Le cinquième , c'est que la chevauchée n'a point

parcouru les rues du vieux Laval, pour la plupart étroites, tortueuses et montueuses ; mais des rues ayant 10 mètres de largeur, longues et en ligne directe, l'une d'elles longue de plus d'un kilomètre ;

Le sixième, c'est qu'il a oublié de remarquer que de tous nos jeunes gens qui faisaient partie de la cavalcade, pas un ne s'est permis d'avoir un *brûle-gueule* à la bouche pendant la cérémonie, ou d'épuiser à cheval une coupe de boisson, ou de quitter son rang pour s'aller rafraîchir ;

Le septième, c'est que, tout modérés qu'ils sont, les habitants de Laval s'étaient empressés de concourir à la solennité de la fête en pavoisant et décorant leurs maisons sur le parcours de la cavalcade, et, le soir, en les illuminant d'une façon féerique ;

Le huitième enfin, c'est que l'***Auxiliaire breton*** doit avouer qu'il a eu tort de nous supposer capables, à Laval, de donner n'importe quel horion à qui que ce soit, vu qu'il a déclaré hautement lui-même que nous sommes des gens CALMES et MODÉRÉS

Ces observations ne sauraient déplaire à l'*Auxiliaire* puisqu'il les pressentait d'avance, et qu'il nous a semblé les rechercher.

GALERIES DU PALAIS DE L'INDUSTRIE.

« Dieu le veut !—Ce cri que nos pères
Avec transport jetaient au vent,
A votre tour, poussez-le, frères,
C'est Dieu qui le veut, — en avant !
Honneur, honneur à vous, soldats de l'Industrie,
Vous avez saintement lutté pour la patrie,
Comprenant qu'emporté sur des ailes de feu,
Chaque progrès nouveau nous rapproche de Dieu. »

M. NAUDET,
professeur à l'Ecole normale de Laval.

C'est bien pensé et c'est bien dit, et Laval peut à juste titre s'honorer des hommes qui poussent au pro-

grès et à la tête desquels se trouvent posés MM. Chamaret, président, M. Lefizelier, secrétaire de la Société
de l'Industrie, MM. De La Grange et Boutreux, organisateurs de nos fêtes historiques, et tant d'autres dont les
noms sont les garants d'une intelligente et remarquable
organisation.

On peut le dire, les galeries de notre Palais de l'Industrie offrent un spectacle enchanteur.

Il n'entre pas dans notre intention de nous livrer,
dans une proportion aussi étendue qu'il y a cinq ans, à
une série d'études sur les objets exposés dans notre palais de l'Industrie. Nous ne nous attacherons cette
année qu'à un petit nombre d'objets parmi les plus im-
portants et aussi parmi ceux qui fixeront le moins peut-
être les regards du public.

Avant de commencer ce travail qu'il nous soit permis
d'évoquer ici un souvenir.

Lors de notre première exposition, en 1852, un jeune
artiste de Laval avait, au milieu d'applaudissements
réitérés, reçu une noble récompense pour ses œuvres
qui promettaient un glorieux nom et un fleuron de plus
à la couronne d'honneur de notre vieille et jeune cité.

Hélas ! la patrie de Béatrix de Gavres et d'Ambroise
Paré a senti depuis dans son sein l'aiguillon de la douleur qui déchira les entrailles de Rachel ; car le jeune
artiste qu'elle avait couronné si joyeusement, elle l'a
vu prématurément terminer son existence par suite
d'études continuelles et d'incessants travaux.

Par une faveur particulière du ciel, M. Hippolyte
Beauvais avait été doué d'une de ces intelligences pri-
vilégiées qui illuminent tout ce qu'elles envisagent, et
qui donnent un corps au rayon échappé à leur conception. Tels apparaissent ces vingt-deux tableaux représentant autant de scènes de la sublime et prodigieuse
histoire de Saint-Bernard.

A côté de cette grande œuvre, qui nous révèle la
maturité précoce de l'esprit qui l'a conçue, la mesure

du cœur qui l'a comprise, l'habileté de la main qui l'a exécutée, il existe beaucoup d'autres compositions empreintes du cachet des poétiques inspirations de notre compatriote.

Mais entre toutes, nous ne devons pas mettre en oubli les deux tableaux représentant :

L'un, *Béatrix de Gavres*, la bienfaitrice de Laval, dotant sa ville adoptive des merveilles d'une industrie qui a été la source de son développement et de sa fortune.

L'autre, les *Désastres de l'année 1856*, et, au milieu des ondes bourbeuses qui inondent les campagnes, le chef de l'état portant des consolations et des secours aux victimes du fléau diluvien.

Ces deux tableaux, éclairs échappés d'un cœur rempli d'amour pour notre patrie, projettent des rayons lumineux sur la tombe du jeune artiste, objet de tous nos regrets. Que n'a-t-il vécu plus longtemps ; notre musée serait sans doute enrichi d'une copie d'un tableau de la galerie des maréchaux à Versailles, celui où le maréchal André de Lohéac de Laval est représenté en grand costume et à cheval.

Mais à nous maintenant, fils de la même cité, quel devoir reste-t-il à remplir à l'égard de notre artiste défunt?

Un devoir de justice, en plaçant une de ses œuvres dans notre musée.

Nous commençons la liste des peintres lavallois qui ont exposé dans nos galeries, soit des tableaux, soit des dessins. En tête, pour une raison que l'on comprendra facilement, nous placerons

1º M. Chomereau, peintre, dessinateur à Laval, place des Arts.

Il a exposé une esquisse d'un projet de monument à élever à la gloire de l'armée d'Orient.

C'est une colonne monumentale rappelant le courage héroïque de l'armée française, le deuil de la nation en présence de l'immolation d'un si grand nombre de ses enfants qui ont versé leur sang pour la gloire de leur patrie, et le triomphe de la paix au sein de la capitale du monde civilisé, lieu où a été signé le traité du 30 mars 1856.

L'artiste consacre deux soubassements à rappeler le deuil de la patrie. Dans le premier, sur le pourtour duquel seraient inscrits en lettres d'or, sur un fond noir, les noms des officiers morts au champ d'honneur, on enclaverait, en partie, quatre piédestaux, surmontés chacun d'une statue équestre, réprésentant un soldat d'une des principales armes de chacune des nations qui ont combattu en Orient ; les armoiries, gravées sur chacun des piédestaux, seraient celles de la nation à laquelle appartient ce soldat.

Sur le pourtour du second soubassement se détacheraient 48 couronnes d'immortelle.

Sur le troisième soubassement, dédié à l'héroïsme de l'armée, douze statues représenteraient les officiers généraux, morts ou vivants, qui se sont particulièrement fait remarquer par leurs talents, leur bravoure et leur constance.

Au-dessous du cordon de lauriers, sur lequel seraient gravés les noms des officiers généraux dont nous venons de parler, quatre grands bas-reliefs sculptés rappelleraient les victoires d'*Alma*, d'*Inkermann*, de *Bomarsund* et de *Malakoff*, avec les noms des chefs investis du commandement des troupes au moment de ces glorieux faits d'armes.

Quand à la personification du triomphe de la paix, elle serait donnée par quatre statues, assises en avant de chacune des faces du piédestal de la colonne comme sur un trône et figureraient l'*Agriculture*, le *Commerce*, les *Beaux-Arts* et l'*Industrie*.

La capitale, où le traité de paix a été signé, serait apparente à la base de la colonne et figurée par les armes de la ville de Paris, et le traité avec la date

du 30 mars 1856 inscrit sur le fût de la colonne,
surmonté d'un tambour sur le pourtour duquel appa-
raîtraient les armoiries et des faisceaux de drapeaux de
chacune des sept nations qui ont signé le traité.

En outre, quatorze médaillons, avec le portrait de
chacun des plénipotentiaires qui ont eu l'honneur d'apporter leurs signatures sur ce traité, regneraient sur le
second tambour à la partie inférieure.

A chacun des angles de la base de la colonne se dé-
tacherait un aigle, retenant une guirlande de feuilles
de chêne et d'olivier, symbole de la force et de la paix.

Le chapiteau, de style composite, serait surmonté,
sur chacune de ses faces, de l'aigle ayant pour fond le
manteau impérial. Le grand cordon de la Légion-
d'honneur, maintenu par les aigles, se déroulerait de
chaque côté du chapiteau et serait relevé à chacun de
ses angles par des génies le pressant contre leur cœur.

Au sommet du monument apparaîtrait la statue de
Napoléon III, en manteau impérial, le sceptre dans une
main et une sphère surmontée d'une victoire dans
l'autre.

Sans doute, la grandeur de ce monument devrait
être subordonnée à l'étendue du lieu qu'on lui destine-
rait; mais, d'après le dessin qui se trouve à notre
exposition, ce monument ne pourrait avoir moins de
50 et quelques mètres de hauteur sur 30 et quelque
mètres à sa base.

Ce travail est bien conçu; il fait honneur au patriotisme et au talent de M. Chomereau.

Nous ne connaissons point tous les bas reliefs qui
doivent, dans le système d'ornementation conçu par
M. Chomereau, décorer la colonne monumentale à élever à la gloire de l'armée d'Orient, mais nous sommes
sûr que l'artiste n'a point mis en oubli les
beaux exemples de courage civil donné par l'abbé Glo-
riot, l'ami du maréchal Saint-Arnaud, et aussi par
l'abbé Parabère, aumônier en chef, enfourchant un

canon pour suivre nos soldats et passant une nuit dans un lit près du cadavre d'un cholérique , pour remonter, au dire d'un général , le moral des soldats.

M. Chomereau ayant fait hommage de son projet de monument à l'Empereur, Sa Majesté a daigné l'accepter, ainsi qu'en fait foi la lettre suivante :

« Palais des Tuileries, le 3 février 1857.

« MONSIEUR ,

« L'Empereur a reçu le projet de monument que vous lui « avez adressé. Sa Majesté a daigné agréer cet hommage et « a donné l'ordre de vous en remercier.

« Recevez , Monsieur , l'assurance de mes sentiments dis-« tingués.

« *Le Sous-Chef du Cabinet de l'Empereur* ,

« Signé : ALBERT DE DALMAS. »

Maintenant faisons une étude abrégée de différents tableaux et autres objets exposés.

N° 936. LE REPOS DE LA VIERGE,
Par M. Charles Landelle , de Laval.

Ce tableau, donné par l'Empereur au Musée de Laval, a attiré l'attention du public.

Nous ne l'apprenons à personne, M. Landelle est un artiste de grand mérite et bien aimé des Lavallois. De tout cœur nous lui offrons des couronnes.

Ceci dit , qu'il nous permette de lui faire part des impressions qu'a produites en nous son tableau.

L'ensemble est fort gracieux. L'enfant est un peu trop resplendissant de lumière peut-être , mais parfait de dessin ; la pose est ravissante. Une autre disposition donnée au bras gauche serait peut-être préférable.

Nous le répétons , l'enfant est fort beau, mais ce n'est peut-être pas l'enfant JÉSUS ; il lui manque le cachet divin de son origine.

La tête de la Vierge est jolie ; bon nombre de curieux n'en demanderont pas d'avantage ; mais à l'égard de l'éminent artiste, notre compatriote, qui a traité ce sujet, nous serons plus sévères, car sa réputation est faite et nous l'aimons de cœur.

Sans doute un horizon immense est ouvert devant ces inspirations d'un artiste, et notre Lamartine du pinceau peut se laisser aller aux caressantes conceptions de son esprit. Cependant, il manque quelque chose à la tête de la Vierge. Quoi donc ? Un trait dans le style des belles têtes de Raphaël, un éclair de la foi, un rayon de la beauté intérieure de celle que l'Eternel avait choisie pour être la mère de Jésus, en un mot la vision de la maternité divine d'une vierge pure et sans tache.

L'artiste aurait peut-être dû donner au poignet de la main gauche un galbe moins prononcé, l'éclairer davantage et poser l'épaule plus en avant.

Le personnage placé sur le premier plan, à la gauche du spectateur, est vrai de pose.

L'ange placé au second plan est des plus gracieux ; la tête en est fort belle.

L'ange placé au troisième plan a été admiré par plusieurs, mais nous désirerions, nous, le voir plus vaporeux ; car le ton bistré de l'ensemble de sa figure ne prête guère à son éloignement.

Nº 1000. LES JEUNES OUVRIÈRES,
Par M. Félix Roy, de Rennes.

Ce tableau représente deux jeunes ouvrières qui achèvent aux premières lueurs de l'aurore, en compagnie de leur maîtresse, des travaux commencés la veille.

Quel spectacle, fut-ce même un bal royal, ne s'efface pas devant ce tableau.

C'est touchant et magnifique de conception, d'expression, de couleur.

M. Roy est un artiste distingué. Il a fait des études sérieuses et possède à un dégré éminent la science du dessin. Ses couleurs sont chaudes de ton et tout à la fois douces et agréables à l'œil.

Quelles délicieuses poses dans cette jeune ouvrière accablée par la fatigue et vaincue par le sommeil! Quel suave et caressant mouvement dans cette autre qui cherche à la réveiller avec une délicate bonté.

Que de vérité pure et simple s'attache à ces chevelures admirablement traitées, à ces bonnets du soir, chiffonnés par la fatigue et les veilles. O charmantes filles, vous avez eu un poète pour traduire votre beauté désordonnée.

Quant à la maîtresse, vue de dos, elle est d'un modelé charmant; la main qui tire l'aiguille est d'une vérité d'attitude et de mouvement délicieuse.

Cette scène, en un mot, est parfaitement éclairée, tout y est bien agencé et d'un effet inimaginable. La pensée est gracieuse et, en matière d'art, c'est quelque chose qu'une belle pensée.

Nous ne craignons pas de le dire, ce tableau dénote chez l'artiste une connaissance approfondie de la science de la perspective et l'habitude du pinceau.

Son tableau est un bijou, une des perles de notre Exposition.

915. LE CALVAIRE ,
Par M. Félix Jobbé-Duval , de Paris.

Ce tableau est savamment peint. La couleur sombre qui y règne d'une façon vraiment sinistre prête à la tristesse. L'Homme-Dieu , mort sur la croix entre deux voleurs , se détache comme une apparition du crime de la terre éclairée par une lueur qui semble vouloir disparaître au sein des plus épaisses ténèbres.

Les personnages sont bien disposés , et la Mère du Sauveur se dessine comme l'ombre de l'humanité torturée dans son essence la plus sensible et la plus tendre.

Tout dans ce tableau dénote l'habileté de l'artiste qui l'a traité. Il eût dû se rappeler toutefois que la mort de l'Homme-Dieu avait lieu pendant la pleine lune.

(61)

811. HALTE DE MENDIANTS ,
Par M. Bijon , à Quimperlé (Finistère).

Le faire de cet artiste est différent de celui dont nous
venons de parler. Sa couleur est constamment grisâtre ,
mais son tableau dénote une grande facilité de pinceau ,
une entente savante de la distribution de la lumière ,
dont il ménage avec calcul les éléments. Il produit , au
moyen de quelques couleurs , un brillant effet. Sa touche est large et hardie , mais ne fait qu'exprimer des
contours qui auraient besoin d'être plus arrêtés au lieu
de se laisser deviner.

En somme , cet artiste possède un magnifique talent.

916. LE RÊVE , EFFET DE BRUME ,
Par M. Félix Jobbé-Duval , de Paris.

De légères beautés , troupe agile et dansante ,
Tu sais, tu sais, ma mère, aux bords de l'Erymanthe.
(ANDRÉ CHÉNIER.)

Cette fantaisie accuse une grande facilité de travail
chez l'artiste. La pureté du dessin y est cependant quelquefois sacrifiée à la grâce du tableau. La lumière ,
distribuée avec une entente parfaite , caresse magiquement les contours bien arrondis et pleins de luxure des
jeunes beautés , vigoureusement modelées sur le premier plan , et qui sont une transition heureuse avec les
nymphes enveloppées d'une vapeur transparente.

Ce tableau est resplendissant de lumière ; il frappe
l'imagination et impose son souvenir.

Il a été sans doute inspiré à l'artiste par la vue des
ballons et des crinolines , contre lesquels M Belmontet
vient de lancer , dans le *Figaro ,* une satire implacable
qui commence ainsi :

Le beau sexe, que Dieu nous donna pour flambeau,
Perd son nom lumineux : le laid devient le beau,
L'ingrat a dévié de sa route céleste.
Sa folie aux excès marche d'un pas si leste,
Il a tant effrayé ceux qui vivraient pour lui,
Que c'est le célibat qui grandit aujourd'hui , etc.

1005. ATTRIBUTS DE CHASSE et NATURE MORTE
(pastel),

Par M. Charles Suan , du Mans.

Ce pastel est artistement exécuté et hors des proportions habituelles à ce genre. Il attire à juste titre les regards des artistes , des amateurs et des curieux.

L'artiste a heureusement disposé les objets dont se compose son œuvre.

Délicatesse et sûreté de touche, couleur agréable de ton , lumière bien distribuée, modelé vigoureux jouant le *trompe-œil* , telles sont les qualités qui distinguent ce superbe travail.

1012. LE PÈRE CROISSANT (pastel) , portrait d'une ressemblance parfaite.

1006. EFFET DE BROUILLARD.

1007. LES SCIEURS DE LONG.

1008 et 1009. PAYSAGES AUX ENVIRONS DU MANS.

Ces tableaux, peints à l'huile, se font également remarquer et , ainsi que les pastels , dénotent chez **M.** Suan une grande facilité de touche.

Arbres légers , personnages bien posés , lointain vaporeux.

833. L'ACROPOLE D'ATHÈNES , vue prise de la route du Pirée.

Par M. Paul-Alfred de Curzon , de Poitiers.

Paysage aride et désert ; l'acropole d'Athènes, se détachant derrière le vallon du premier plan, animé seulement par la présence d'une femme assise au bord d'une citerne tarie, est bien éclairée ; l'effet est bien rendu.

C'est l'œuvre d'un homme de talent.

834. VUE DE PICINISCO (royaume de Naples).

Par le même.

Les arbres sont bien élancés ; leurs masses de feuillages, parfaitement disposées et variées de couleur suivant leurs espèces , offrent un contraste bien rendu et aimé des artistes.

L'espèce d'escalier qui prend naissance dès le premier plan ne change pas de teinte dans toute son étendue et prête peu à la perspective aérienne.

La femme qui porte une corbeille sur sa tête doit , vu les escarpements un peu prononcés dont le terrain est accidenté , éprouver de sérieuses difficultés dans sa marche.

Il y a du vaporeux dans les ruines qui fuient bien dans l'espace.

958. VUE DE LAVAL , prise du quai d'Avenière.
M. Messager , peintre à Laval.

Cet artiste, notre compatriote , a exposé une collection de tableaux , d'aquarelles et de dessins qui rappellent , en jetant un poétique réflet sur notre pays , les sites pittoresques de notre ville et de ses environs.

La vue prise du quai d'Avenières est traitée avec beaucoup de vérité ; le toucher en est vigoureux ; le groupe des maisons qui suivent le bureau de l'octroi est bien éclairé ; le vieux donjon de l'ancien château de Laval est vaporeux.

C'est un des meilleurs tableaux de l'artiste.

959. La VUE prise du Grand Port est habilement traitée. Cette aquarelle est dorée des rayons du midi qui inondent habilement les pittoresques habitations groupées sur la rive droite de la Mayenne au sein de notre ville.

Les dessins de M. Messager sont exécutés avec facilité et talent.

Mme DOUTRELEAU , née Agathine AMSINCK , à la Vieuville , près Dol , et à Paris, rue Bussy , 110.

870. LES EXILÉS HONGROIS. — Ce sont de jeunes enfants expulsés de la terre qui les a vus naître.

Chemin faisant , la lassitude les oblige , malgré une brume froide et l'aridité des lieux , à faire une halte.

Les deux aînés veillent debout , et leur visage exprime une douloureuse souffrance mêlée à une grande tristesse ; les deux plus jeunes sont étendus sur des brins de fougère desséchée, et leur sommeil , quoique profond , est empreint de la tourmente de leur esprit et de leur cœur.

Hélas ! quel que soit l'âge des victimes, le cachet de l'exil et de la persécution se reconnaît sur leur visage flétri, et le tableau de Mme Doutreleau est empreint de toutes ces douleurs.

875. LES PETITS PARESSEUX. — L'artiste s'est occupée d'un sujet qui ne pouvait à coup sûr lui convenir. Elle l'a exprimé sur la toile par amour de son art ; mais pouvait-elle bien le comprendre ? Nous conjurons cette dame de récuser une telle prétention , car son dire rencontrerait un orage de négations , vu qu'aux yeux de tous , elle doit aimer le travail, et qu'elle ne saurait jamais avoir une idée de la paresse.

871. CABANE DE SABOTIERS dans la forêt de Ville-Cartier (Ille-et-Vilaine).

Nous devons le dire , tous les amateurs regardent cette toile avec intérêt. La disposition des personnages est heureuse. Le chef et la mère de la famille ayant , le premier un *paroir* à la main, la seconde une *ivoire* , travaillent de concert pour donner du pain à leurs marmots, assis à terre au-devant de leurs *biques* et jouant avec les déchets de bois jetés à terre par les outils de leurs parents.

Ce tableau a un cachet de vérité incontestable ; la cabane est celle des sabotiers dans les forêts, c'est-à-dire des branches reliées entre elles au moyen d'un mastic formé de terre glaise.

Les personnages sont bien dessinés ; la demi-teinte au sein de laquelle ils se meuvent est ménagée avec talent.

L'auteur de ces compositions est un peintre plein de mérite , et le sentiment ne lui fait pas défaut.

Nos 970 , 971 , 972. Ces dessins d'après nature, faits par de jeunes élèves de M. Messager , ont attiré l'attention des artistes et des amateurs.

Courage , dirons-nous d'abord au nº 971 , qui nous a reproduit le pittoresque paysage au centre duquel se dresse, dans les Hautes Pyrénées , le château de *Sainte-Marie !* Courage, aux deux autres crayons qui nous ont retracé , l'un la poétique *Vallée de la Pique* dans la Haute-Garonne , et l'autre l'intérieur d'un salon.

M. Lucien Delatouche , de Mayenne.

M. Delatouche est un de ces artistes-amateurs qui se passionnent par amour pour les arts, les protègent et les apprécient non moins avec le cœur qu'avec le savoir acquis à force de travail et d'études.

Il a exposé cette année à notre Palais de l'Industrie cinq tableaux représentant :—939. *Un Marché, costumes du Bas-Maine ;* — 940. *La Messe dans les bois* (Vendée 1794) ; — 941. *Une Assemblée , costumes du Bas-Maine ;* — 942. *Le Marquis de Favras en prison (1790) ;* — 943. *Une Embuscade* (1793).

Ce dernier tableau représente à nos yeux une embuscade plutôt de 1832 que de l'année 1793. La pose du père est bien celle d'un ancien soldat ; son air est calme, et on sent qu'il est au fait des embuscades d'un autre temps plus dangereux. Celle du fils décèle la force et la solidité ; mais sa physionomie, tant gaillarde qu'elle soit , a quelque chose de l'air émervelllé d'un jeune *gars* qui n'a encore songé qu'à faire le beau et le luron, et à donner ses preuves de vaillantise auprès du beau sexe.

Les poses sont vraies et l'on devine que , sur le vieil arbre au pied duquel le père écoute froidement et le jeune gars ouvre de grands yeux, doivent être gravés ces mots : *Dieu et le Roi.*

Quant au tableau représentant *le Marquis de Favras en prison*, nous pouvons dire qu'il a été justement apprécié. La douleur et le désespoir sont exprimés avec vérité ; la couleur et le modelé sont accentués. Ce tableau est l'image de toutes les révolutions. C'est le monde qui dansait et riait hier au sommet de la société, et qui pleure aujourd'hui au dernier degré de l'échelle pour abandonner, deux pas plus loin, sa tête au bourreau.

Nous ne parlons point du second personnage qui se tient debout derrière le marquis ; il a la raide imbécillité du geôlier de 1793.

1048 et 1049. LA PORTE BEUCHERESSE à Laval. — LES BORDS DE LA MAYENNE pres Avenières.

Ces deux dessins dénotent d'heureuses dispositions chez M. Alphonse Trillon, jeune élève de quelques mois de M. Chomereau. Nous applaudissons à son travail et nous l'engageons à persévérer, car le dessin est un art aussi agréable qu'utile. La jeunesse Lavalloise semble ne pas l'appécier autant qu'elle le devrait, quoiqu'il soit une des principales sources de la beauté et de la prospérité de toutes les industries, et en particulier de celle des tissus.

849. LES DEUX AMIS. — 850. VUE PRISE AUX ENVIRONS DE SAINT-OMER.—851. LISIÈRE D'UN BOIS.—861. CAUSERIE BRETONNE, etc., etc., par M. DARCY, peintre à Rennes.

Cet artiste peint et anime une petite toile avec autant de facilité que d'habileté. On s'arrête avec plaisir devant tous ses tableaux, entre lesquels nous avons remarqué particulièrement *les Deux Amis*, deux chevaux, dont l'un pose la tête avec une nonchalance heureuse sur l'échine de l'autre ; la croupe de celui-ci, au poil lisse et blanc, est vraie de forme et artistement modelée. —

La Vue prise aux environs de Saint-Omer (Soleil cou-
chant) , où l'on voit, sur le premier plan , se détacher la
coque d'un navire entouré de petits personnages artistement touchés. — *Lisière d'un Bois*. Les arbres sont
bien élancés , un peu uniformes de ton , peut-être; le
sentier s'enfonce dans le taillis et respire la fraîcheur et
le mystère. L'artiste ne pouvait oublier de lui donner ce
dernier cachet par la vision de la jeune fille qui le parcourt. La jeune fille , du reste, est bien posée ; — *Causerie bretonne*. L'abandon du jeune homme , à moitié penché sur la table et assis sur un tabouret en équilibre ,
est parfait de mouvement ; c'est un type vrai et original
du Breton bretonnant. Ce tableau est empreint de la
touche facile de l'auteur.

1388. ABEL TROUVÉ MORT PAR ADAM ET EVE,

par M. BRIAND, de Rennes.

Nous avions , il y a cinq ans , admiré un portrait de
femme que cet artiste avait envoyé à notre première
Exposition. Cette année , le tableau de M. Briand représentant *Abel trouvé mort par Adam et Eve* offre les qualités d'un bon peintre, d'un bon coloriste et d'un habile
dessinateur.

1395. RELIGIEUX DE L'ORDRE DE LA

REDEMPTION ,

par M. Charles-Emile FRANÇOIS.

S'il est difficile de donner du relief à des figures sur le
fond obscur d'une toile plate , la difficulté devient bien
autrement sérieuse quand il faut obtenir les reliefs sur
un fond lumineux.

L'artiste dont nous nous occupons , en détachant ses
différents groupes sur un fond de mur entièrement blanc
de chaux , a su triompher habilement de cette difficulté.
Les personnages sont bien dessinés ; la femme la plus
rapprochée du spectateur est heureuse de mouvement et
bien campée.

Ce tableau nous rappelle que les Religieux de l'ordre
de la Ste-Trinité et de la Redemption des Captifs trou-
vèrent , au commencement du 17e siècle, un grand

appui pour leurs œuvres dans les prédications d'un ca-
pucin de Laval , le frère Jérôme , né à Mayenne ; et
qu'au nombre des 43 captifs qui furent rachetés en
1635 à Tunis et conduits processionnellement de la porte
Saint-Antoine jusqu'au couvent des Mathurins , se trouvait un habitant du Maine , Michel ANIBAULT , de Chan-
gé-les-le-Mans.

Miniatures sur bois.

783. M. BRUNO (H.) , peintre en miniature sur bois
à Spa (Belgique), représenté à Laval par M. A. Genesley.

L'artiste s'est mis pour nous en frais de galanterie ,
car les articles de mercerie et de tabletterie en bois
peints , c'est-à-dire *porte-cigares* , *porte-aiguilles* ,
nécessaires , etc. , etc. , sont presque tous décorés
d'une vue de Laval : Viaduc , promenades ombragées
du Pont-Neuf , Quais, Pont-Vieux , clocher de N.-D.
d'Avenières, rive droite de la Mayenne avec son étagère
de maisons , son château restauré et , pour fond , la
cathédrale surmontée de son pigeonnier.

Ces articles, bien que sujets à la douane , nous ont
paru d'un prix fort modéré. Ils ne sont pas tous soignés
convenablement , c'est ce qui nous explique du reste
leur bon marché.

Nous ne nous arrêtons point à ces objets , parce que
ce n'est pas là que nous pouvons connaître le talent de
l'artiste , mais bien à un *album* ayant une *vue de
Laval* prise du Pont-Neuf, — à un *semainier* sur
lequel sont peints de superbes chiens , — et surtout à
deux *panneaux* représentant des *baigneuses*. Ces
deux dernières peintures sont chaudes de ton , et les
personnages ont des postures qui pourront attirer les
regards des jeunes gens et peut-être faire sourire les
vieux célibataires de profession.

Nous ne crierons point contre ces nudités féminines,
car , le dimanche, nous entendions souvent, autour de
nous, des *marraines* de la campagne dire hautement

et avec un gros rire, en considérant le modeste voile qui cache la nudité du JOUEUR AU PALET : « *Y fallait autant n'ren mettre.* »

Elles raisonnaient parfaitement, car bien des mères de famille n'auraient pas alors conduit leurs jeunes filles dans cette partie de l'Exposition.

Peintures héraldiques.

M. Gervais GAZEL , *peintre d'attributs héraldiques et peintre en voitures à Laval.*

Cet artiste a exposé , sous les nᵒˢ 678 , *un Lion* peint sur bois ; — 679 , les *armoiries* des trois plus grandes monarchies de l'Europe ; 680, six *études d'armoiries* ; — 681 , divers *échantillons de peintures pour voitures.*

Tous les connaissurs ont admiré à notre palais de l'Industrie les œuvres de MM Gazel père et fils , dont le talent et le goût sont une bonne fortune ponr notre ville.

On le sait , à l'origine des armoiries, les croisés les portaient en émail ; et en reproduisant l'écu des trois premières puissances de l'Europe , M. Gazel a su leur donner un relief si séduisant , un éclat si doux, que sa peinture joue l'émail au point de rappeler les bannières du moyen âge.

Ce genre de travail exige, de la part de l'artiste, non-seulement du goût et du talent , mais encore une certaine dose de savoir en matière de science héraldique. Le nombre des véritables peintres d'armoiries est d'ailleurs fort restreint ; la capitale elle-même n'en compte que trois : MM. Larue , Carville et Béchard.

Laval aujourd'hui peut se flatter de posséder un artiste sérieux et réel en peinture pour panneaux de voiture. Chacun a pu s'en convaincre en examinant la grande étude de lion et de léopard sur panneaux , si digne de fixer les regards par la varlété et le glacé de leurs nuances.

M. Gazel père a également exposé plusieurs autres miniatures héraldiques , ainsi que de la canne ou rotin, et de fausses balustres avec un panneau à mille raies.

Nous ne saurions donner assez d'éloges à M. Gazel père pour l'étonnante finesse de touche et l'exactitude héraldique de son travail. Un de ses blasons , que deux pièces de cinq francs couvriraient complètement, se composait de 32 quartiers, tous parfaitement distincts et admirablement exécutés.

Peinture de décors.

M. Aristide GAZEL , *peintre décorateur à Laval.*

Il est à regretter qu'un artiste de l'âge de ce jeune homme (20 ans) ne puisse, faute de moyens et dans la nécessité de travailler pour vivre, fréquenter les ateliers des premiers maîtres de la capitale. Combien de talents honoreraient les villes de province si quelque peu d'aisance ou de nobles protections faisaient éclore ces talents, leur donnaient la vie et les ailes pour parcourir l'espace réservé au génie.

C'est la pensée qui remplit notre esprit à la vue du magnifique *plateau* (n° 676) peint par M. Aristide Gazel, et imitant des étoffes d'ameublement de tous genres. Que de richesses dans ces fleurs, que de suavité dans le coloris de ces ornements !

Déjà, l'hiver dernier, nous avions appelé l'attention publique sur le talent de ce jeune artiste à l'occasion d'une statue de la Ste—Vierge peinte par lui au gluten hellénique, peinture accompagnée d'une dorure gothique dont l'effet rappelait le moyen âge. Récemment, il a décoré dans le même genre la voûte d'une église du département de la Sarthe, et orné de fresques un château à Sillé-le-Guillaume, toujours dans le goût et avec imitation des ornements antiques.

M. Aristide Gazel fils a en outre exposé, sous le n° 677, un spécimen de *décoration sur toile, peinture au gluten*, papier hydrofuge perfectionné par lui pour préserver les toiles peintes de l'humidité.

Ce spécimen est une autre preuve de la solidité et de la variété des connoissances en peinture et de la flexibilité du talent de cet intéressant artiste qui aborde tous les genres avec courage et sentiment.

Nous sommes heureux de le proclamer ici, le Jury de l'Exposition de Laval a décerné deux médailles d'argent à MM. Gazel père et fils.

Sculpture.

GILBERT MOURANT,

Par M. Ferdinand Taluet , d'Angers.

Cet artiste , élève de MM. Mercier et David d'Angers, a exposé plusieurs sculptures , parmi lesquelles nous citerons celles-ci , qui ont été envoyées par l'auteur à la *Société de l'Industrie :* le Portrait (buste plâtre) de M. l'abbé Félix Coquereau, grand aumônier de la flotte ; le Portrait (id.) de M. Colins, économiste; Saint-Quentin (esquisse plâtre de la statue exécutée pour la tour Saint-Jacques) , statue dans le style du moyen âge.

Le temps nous presse : nous ne nous occuperons ici que de la statue de *Gilbert mourant.*

Cette œuvre est l'image palpable du sentiment de la douleur exprimé dans une énergique conception.

Dans ce corps , qui se soulève dans une pose horripilante à voir, la souffrance est partout, depuis la pointe des pieds , dont les nerfs se roidissent et semblent sur le point d'éclater, jusque dans cette chevelure bouleversée , au sein de laquelle on dirait que la main du mourant poursuit le sentiment de son existence s'éteignant dans une dernière crise de la douleur et de la folie.

En présence de ce plâtre, animé par le talent de l'artiste, nous avons vu des femmes effrayées éviter de passer à côté. Gilbert était pour elles un nom inconnu , et elles ne pouvaient s'attendrir à l'aspect de ces tortures qui ne leur semblaient que diaboliques.

Tout le monde n'est pas tenu de connaître l'histoire, mais , afin de procurer à ceux qui ignorent le sujet du drame représenté d'une manière si énergique par M. Taluet , nous allons l'expliquer ici en peu de mots.

Gilbert était un homme de lettres qui devait illustrer la fin du dernier siècle. Il eut des jaloux et des calomniateurs qui l'accablèrent de déboires. Son esprit , naturellement mélancolique et doux , s'aliéna de douleur en 1780 et il mourut dans un accès de folie, à l'âge de moins de 50 ans. Il composa, huit jours avant sa mort, cette ode magnifique qui est une prophétie et le châtiment éternel de ses persécuteurs :

> J'ai révélé mon âme au Dieu de l'innocence ;
> Il a vu mes pleurs pénitents ;
> Il guérit mes remords, il m'arme de constance,
> Les malheureux sont ses enfants.
>
> Des ennemis jaloux ont dit dans leur colère :
> Qu'il meure et sa gloire avec lui !
> Mais à mon cœur calmé le Seigneur dit en père :
> Leur haine sera ton appui.
>
> J''éveillerai pour toi la pitié, la justice
> De l'incorruptible avenir ;
> Et l'on verra survivre à leur lâche artifice
> L'honneur qu'ils pensent te ravir.
>
> Soyez béni, mon Dieu ! vous qui daignez me rendre
> L'innocence et son noble orgueil,
> Vous qui, pour protéger le repos de ma cendre,
> Veillerez près de mon cercueil.
>
> Au banquet de la vie, infortuné convive,
> J'apparus un jour et je meurs :
> Je meurs, et sur ma tombe, où lentement j'arrive,
> Nul ne viendra verser des pleurs.
>
> Salut, champs que j'aimais, et vous, douce verdure,
> Et vous, frais ombrages des bois !
> Ciel, pavillon de l'homme, admirable nature,
> Salut pour la dernière fois !
>
> Ah ! puissent voir longtemps votre beauté sacrée
> Tant d'amis sourds à mes adieux !
> Qu'ils meurent pleins de jours, que leur mort soit pleurée,
> Qu'un ami leur ferme les yeux.

C'est le dernier soupir de cet illustre persécuté qu'a rendu, dans sa statue de *Gilbert mourant*, l'habile artiste d'Angers.

Ce drame ainsi représenté est la vengeance du 19e siècle contre le 18e. Nous nous trompons, c'est plutôt l'appel fait au profit des victimes contre tous les persécuteurs et les calomniateurs, bêtes féroces qui devraient être condamnées à avoir la langue percée d'un fer rouge.

Notre siècle s'est attendri sur le sort de Malfilàtre, mort en 1767, et dont les œuvres enrichirent des hommes qui l'avaient laissé mourir de faim; il a relevé de la tombe Gilbert persécuté pour lui dresser un piedestal; et il se rend, hélas! chaque jour coupable du crime qu'il reproche à ceux qui l'ont précédé. Paris n'a-t-il pas vu, lundi dernier, 12 septembre courant, le convoi d'un homme sur le bord de la tombe duquel Jules Janin a prononcé ces paroles : « Nous venons de » perdre le premier critique de l'époque. » Cet homme était Gustave Planche. Il est mort dans la misère. A ce sujet, M. Henri Schaunard a laissé échapper cette plainte dans un journal de la capitale : « La pauvreté » pouvait suffire, l'indigence était de trop. Aussi les » cœurs se sont-ils serrés un peu lorsqu'on a vu que le » cercueil, — ce dernier vêtement, — sortait d'une » *Belle Jardinière* funèbre. »

Qu'on n'accuse pas le défunt d'avoir dissipé en folles jouissances les fruits de son travail. Avant de mourir, Gustave Planche avouait *qu'en un quart de siècle de labeur littéraire, il avait gagné 50,000 fr. à peine ;* c'est-à-dire *un peu moins de 2,000 fr. par an ;* et à Paris, c'est la pauvreté. Mais notre siècle ne comprend pas la glorieuse pauvreté de l'indépendance, contre laquelle ne manquent jamais de s'acharner les calomniateurs et les persécuteurs.

Anatomie et Taxidermie.

M. Alexandre Le Sassier, pharmacien à Durtal (Maine-et-Loire).

L'étude que nous entreprenons exige une grande

attention de notre part. Nous commencerons par les animaux montés (taxidermie) dont voici la nomenclature .

1. Canard vieux,
2. Grive litorne,
3. Merle varié,
4. Râle de genêt,
5. Troglodyte,
6. Putois,
7. Taupe blanche,
8. Perdrix rouge,
9. Canard jeune,
10. Loriot,
11. Foulque jeune,
12. Bondrée,
13. Fouine,
14. Hermine blanche,
15. Martinet noir.

Le talent de l'artiste est ici précieux de vérité. Tous ces animaux semblent vivants et nullement remplis de paille. On s'étonne presque de ne pas les voir remuer, tant leur pose est naturelle et respire je ne sais quel air d'animation.

Cependant, ce n'est point à cette partie de la vitrine de M Le Sassier que nous voulons particulièrement arrêter les regards, mais bien aux squelettes (anatomie) des divers animaux exposés. Ces squelettes étaient au nombre de 27, dont voici la liste :

1. Fouine,
2. Mulot,
3. Souris,
4. Taupe,
5. Rat commun,
6. Loir,
7. Grenouille verte,
8. Grive,
9. Etourneau,
10. Chardonneret,
11. Roitelet couronné,
12. Chat-Huant,
13. Troglodyte,
14. Rat d'égoût,
15. Vespertilion,
16. Renardeau,
17. Belette,
18. Ecureuil,
19. Oreillard,
20. Orvet,
21. Vipère,
22. Accenteur,
23. Rouge-Gorge,
24. Pivert,
25. Rossignol des murailles,
26. Mézange bleue,
27. Stercoraire.

Nous le demandons, qui ne s'est arrêté avec une sorte de stupéfaction devant cette vitrine ? Quel amateur, quel connaisseur n'a pas laissé échapper ce cri : Quelle patience , mais que de science ! c'est prodigieux , mais c'est incroyable !

Pour résoudre la difficulté anatomique qui semblait inabordable à la majorité des curieux , on a dit (et nous l'avons entendu de nos propres oreilles) ce travail est celui des fourmis ou de bains alcalins.

Voyons un peu si cela est possible. Nous prions nos lecteurs de nous accorder une minute d'attention.

Personne ne l'ignore , les fourmis dissèquent admirablement les animaux soumis au travail de leur voracité. Dans le but d'obtenir une dissection complète , beaucoup d'amateurs ont fait la triste expérience du travail de ces laborieux insectes. Le succès toutefois n'a *jamais* été satisfaisant. On le comprend facilement ; car , outre la difficulté de diriger un pareil atelier , les animaux placés dans une fourmilière (en été pour l'ordinaire) sont corrompus avant d'être disséqués ; d'où il résulte que leurs os sont tachés et exigent plus de travail de préparation qu'un animal frais.

Quant aux bains acides ou alcalins , rongeant les os et les ligaments des petites articulations , à quoi bon les employer ! Il faut donc en pareil cas faire usage, bon gré mal gré , du scalpel , des ciseaux , des rugines et autres instruments de chirurgie pour se livrer à ce travail.

Que résulte-t-il de là ?

Ce qui résulte ? C'est que la vitrine de M. Le Sassier renferme tout simplement une MERVEILLE.

Et , afin qu'on ne nous accuse pas , ainsi que se sont permis audacieusement de le faire certaines maîtresses ouvrières en robes , mues sans doute par la jalousie , nous dirons : Le jugement que nous portons sur les œuvres de l'habile anatomiste dont il est ici question , nous le soumettons au savant docteur Ouvrard , professeur d'anatomie à Angers ; nous le soumettons au jugement des successeurs de Guy , préparateurs des musées impériaux et de presque toutes les facultés ; nous le soumettons au préparateur du cabinet d'anatomie comparée du Jardin des Plantes de Paris ; et , s'ils ne déclarent pas que les squelettes ont été dépouillés de leur chair par le scalpel, qu'ensuite , il est impossible , pour la vente , d'atteindre ce degré de perfection , que c'est même du luxe en ce genre , nous acceptons publiquement leur condamnation.

Arts Chimiques.

493. MM. Coignet , père et fils , fabricants de produits chimiques , quai Jemmapes , 120 , à Paris , et à la Guillotière , rue Rabelais, nᵒ 1, à Lyon. (A), — Paris 1849 et Bordeaux. M. H. Londres. M. 1ʳᵉ classe Paris 1855 ; représentés à Laval par M. Genesley.

Ils ont exposé des colles-fortes, gélatines, phosphores blanc et rouge , prussiate de potasse , noir animal , os incinérés , suifs raffinés , allumettes au phosphore amorphe , cartouches et cartons phosphorés.

C'est une belle invention que celle des allumettes au phosphore amorphe, qui ne prennent feu que sur un papier préparé *ad hoc ;* elle doit mettre un terme aux accidents qui résultent au moindre choc de l'inflammation subite des allumettes chimiques. Sont-elles préparées de manière à éviter toute espèce d'empoisonnement? Nous ne savons ; mais on l'affirme. Nous nous en rapporterons à cet égard aux expériences qui seront faites.

Imitation de Dentelles.

M. Charles Lecomte , de Laval, chevalier de la légion d'honneur.

La vitrine de notre compatriote doit donner une sorte d'orgueil aux Lavallois.

Parti avec des ressources bien modiques , fruits de ses économies, M. Charles Lecomte est parvenu à créer dans la capitale une maison qui fait annuellement des affaires pour un chiffre de 15 à 16 cent mille francs , dont les trois quarts à l'étranger.

Le métier à tulle qu'emploie l'exposant pour obtenir ses produits exige de notre part une explication qui sera appréciée des visiteurs de la vitrine de M. Lecomte.

Ce métier à tulle est un dérivé du métier *à bas*. On dota d'abord celui-ci d'une ensouple ou chaîne ; de là l'invention du métier dit Warp , vers l'année 1745.

Peu à peu on varia le jeu de cette chaîne pour obtenir des dessins très-limités et formés à l'aide de jours différents.

Mais c'est de l'époque de l'importante invention des bobines (vers 1808) que date la machine à tulle, qui prit de là le nom de *tulle-bobin* , c'est-à-dire produisant les mailles de la dentelle véritable obtenue par le jeu simultané de l'ensouple et de la bobine fonctionnant comme une navette pour effectuer la trame.

Depuis l'invention du métier à la Jacquart , on a appliqué , vers 1835, cette découverte aux divers systèmes des métiers à tulle.

La Jacquart , pour me servir du mot employé dans la profession , agit , selon le système du métier , tantôt sur les bobines (au nombre de trois , quatre et même jusqu'à cinq mille) tantôt sur les fils de différentes grosseurs. Le jeu du Jacquart, soit sur les bobines, soit sur les chaînes , opère les dessins, qui s'obtiennent par conséquent d'une manière distincte de la bobine ou de la chaîne.

Dans les vitrines de M. Charles Lecomte il y a des produits opérés au moyen de métiers de systèmes différents.

Arrêtons-nous d'abord aux quatre grands volants noirs , dits *imitation de dentelles Chantilly*.

Ils ont été faits à l'aide de la Jacquart agissant sur les bobines des métiers système Fuscher et système circulaire ; mais, comme ces métiers ne permettent pas d'employer de gros fils , celui qui entoure les dessins a été passé après coup et à la main.

Le prix d'un métier Fuscher et circulaire est de huit à neuf mille francs.

A côté des grands volants noirs dont nous venons de parler on voit des *imitations de blondes blanches et de dentelles noires*, de petite et moyenne largeur. Elles ont été fabriquées avec le métier Leavers par le jeu de la Jacquart sur des ensouples au nombre de 30 et 40 , garnis de fils de grosseurs différentes et appropriés aux divers produits.

Ici la Jacquart agit sur les fils des chaînes et , comme le métiers Leavers, permet de faire fonctionner les gros fils qui entourent le dessin comme fils de chaîne, il en résulte que cette fabrication n'exige point le travail manuel indispensable pour les articles fabriqués sur les métiers Fuscher.

Imitation de dentelles blanches. Elles ont également été fabriquées sur le métier Leavers , mais non pourvu de gros fils ; celui qui entoure le dessin a été poussé à la main. Les grands dessins exigent le travail manuel ; autrement il faudrait leur appliquer le jeu de plus de 150 gros fils (c'est-à-dire autant de rouleaux pour les contenir) ; ce qu'on n'est point encore parvenu à opérer jusqu'à ce jour.

Imitations de Valenciennes. — Elles ont été également fabriquées sur le métier Leavers.

La puissance de ces métiers , dont le prix est de 12 à 15 mille francs, est telle qu'une seule machine peut, selon le genre de travail , produire autant que deux , trois et quatre mille ouvrières dentellières ; pour la plupart, ces machines sont automatiques et mises en mouvement par des moteurs à vapeur.

Il existe en France de 11 à 1,200 métiers Leavers et de 100 à 150 Fuscher.

Ces instruments de travail sont peut-être la plus haute expression de la perfection à laquelle le génie de l'homme a poussé l'art mécanique.

Il faut le reconnaître, nos maîtres fabricants, en matière d'imitation de dentelles pour les articles de goût, rivalisent avec avantage sur tous les marchés étrangers ; quant aux articles et aux façonnés ordinaires et communs, ils sont, pour les prix, peut-être de 50 à 40 pour 100 au-dessus des prix des fabrications de l'Angleterre. Cette belle dame, en ce moment, a bien du fil à retordre.

En terminant cet article, nous dirons *bravo ! bravo !* à M. Charles Lecomte ; s'il a acquis une belle fortune, il fait en même temps honneur à son pays.

On ne saurait, sans une haute intelligence, créer une fabrique de l'importance de celle qu'il possède à Calais, où il occupe journellement 400 ouvriers, et emploie une grande quantité de coton et soie filés dans les plus hauts numéros.

Orfèvrerie et Bijouterie.

M. Charles GUÉRIN, orfèvre à Laval.

Si la fabrique des tissus a pris à Laval une immense extension, si les arts y ont fait de notables progrès, on ne saurait, d'un autre côté, ne pas reconnaître que l'orfévrerie et la bijouterie ne sont pas chez nous restées trop en arrière.

Il suffit, pour en être convaincu, de s'arrêter à notre exposition devant la vitrine de M. Charles Guérin.

Considérez en effet la sculpture en relief représentant le *Mont Saint-Michel*, et dites si cette *vue* a été rendue ailleurs avec une aussi saisissante vérité. Cette œuvre, exécutée d'abord en cire, sous la direction d'un habile artiste de notre ville, M. Chomereau, a été ensuite reproduite en métal par les procédés galvano-plastiques, ainsi que les *armoiries* de MM. * * *.

Jusqu'à ce jour il a été, pour ainsi dire, de bon goût de douter du talent de nos ouvriers de province ; on ne pouvait, sans manquer à sa réputation, admettre l'idée qu'un ouvrier de Laval eût assez d'intelligence et de talent pour expédier, par exemple, des objets d'orfévrerie à la capitale.

Et cependant, c'est ce qui arrive tous les jours.

Je vois d'ici sourire quelques connaisseurs de profession. — Bah ! ! ! vont-ils s'écrier de cet air d'étonnement qui donne à leur figure la longueur d'un mètre.

C'est trop de surprise, leur répondrons-nous. Allez visiter vous-mêmes les ateliers de nos ouvriers et rendez-vous compte de leurs travaux, de leur talent à transformer les métaux en leur donnant ces mille formes gracieuses qui doublent et quintuplent leur valeur.

Combien se seraient arrêtés avec plus de satisfaction encore devant ces riches candelabres, ce calice en argent massif, ces pipes en même métal, ces châtelaines, objets fascinateurs, s'ils avaient assisté au travail de l'ouvrier et qu'ils l'eussent vu souder et réunir les différentes matières qui composent ces objets d'art, donner cette courbure élégante, ce coup de burin artistement heurté, qui étonne par sa hardiesse et sa précision, pour former de délicieux dessins et imprimer à l'œuvre le cachet qui constitue le bijou.

La vitrine de M. Guérin nous fait connaître que l'industrie de la bijouterie, de l'orfévrerie et de la chasublerie est désormais acquise à notre ville.

Dans l'intérêt de l'art, nous croyons devoir faire ici une remarque. Nous aurions désiré que l'artiste eût plus profondément ciselé son ciboire bizantin, pur de style du reste, cela lui aurait donné plus de relief. Ensuite, ne pourrait-on pas ajouter à la chasuble un galon dans le style de la croix ? Elle produirait plus d'effet en ajoutant à sa richesse. Les exigences du commerce peuvent seules être un obstacle à la réalisation de notre désir.

Lithographie

M. Edouard MORICE , lithographe à Laval.

Parmi les industries artistiques qui ont fait des progrès en notre ville , nous pouvons citer en première ligne la Lithographie , invention merveilleuse de l'immortel Senefelder , qui permet à tout écrivain ou dessinateur de multiplier par lui même , avec une étonnante promptitude, ses propres œuvres.

Il y a une vingtaine d'années , plusieurs efforts furent tentés pour implanter chez nous cette industrie , et il a été réservé à M. Edouard Morice de lui faire prendre racine.

Nous sommes heureux de le constater , le degré de perfection qu'il atteint ne le cède guère aux beaux produits commerciaux de la capitale. Aussi voit-on ses vitrines à l'Exposition ornées de factures de toutes sortes , d'adresses , de cartes de visite , lithographiées, autographiées , reports ou gravures sur pierre , remarquables par la pureté du tirage , la gracieuse disposition et l'élégance de la lettre réunies à l'élégance du dessin.

Au sommet des vitrines de M. Edouard Morice resplendit l'entête de notre cavalcade historique , et aussi le charmant brévet composé tout exprès pour les lauréats des dix départements qui concourent à notre exposition.

Ces lithographies , l'une au crayon , l'autre à la plume , peuvent hardiment supporter la comparaison avec le brevet de l'Exposition universelle qui a été conçu par le cèlèbre Ingres.

La justice nous commande de ne pas oublier ici que ces jolies compositions sont dues au talent de M. Chomereau , à l'habileté et au goût duquel on ne manque jamais de faire appel chaque fois qu'il y a un hommage à rendre à l'illustration de notre pays.

Qu'il reçoive ici l'expression de nos sincères remercîments et de nos encouragements sympathiques.

Pianos.

M. BACHMANN, fournisseur breveté de Sa Majesté l'Impératrice.

C'est après vingt et quelques années d'études, de combinaisons, d'efforts et de sacrifices que M. Bachmann, facteur de pianos à Tours et à Angers, est parvenu à résoudre une difficulté qui semblait insurmontable en l'accordage des pianos.

Nous avions déjà préconisé, lors de notre Exposition de 1852, le système de chevilles modératrices et de pédales d'amortissement inventé par lui, et nous sommes heureux de pouvoir aujourd'hui faire connaître à cet égard le sentiment d'un artiste éminent et apte à juger en cette matière, M. Laurent, qui s'est empressé, dans son enthousiasme, d'adresser de Paris à M. Bachmann la lettre suivante :

LETTRE DE M. LAURENT.

« Monsieur,

» Je suis heureux que le hasard m'ait conduit cette année à Laval, car il m'a procuré le plaisir de voir vos pianos à l'Exposition. Je les ai trouvés réunissant et la solidité du mécanisme et la pureté des sons.

» Croyez que, lorsque je trouverai l'occasion d'en faire l'éloge, je la saisirai avec empressement, certain que ce ne sera pas à vous seul que je rendrai service dans cette occasion.

» Recevez, Monsieur, l'assurance de ma parfaite considération.

» LAURENT,

professeur au Conservatoire de Paris.

» Paris, 21 septembre 1852. »

Cette appréciation est fort honorable pour le facteur dont les œuvres ont su mériter l'attention d'un aussi grand maître.

Mais de là au titre de fournisseur breveté de S. M. l'Impératrice il y avait un espace immense.

M. Bachmann, qui avait conscience de perfection de son œuvre, soumit pendant six mois à l'examen d'une assemblée d'académiciens et des plus illustres pianistes de la capitale le nouveau système de chevilles modératrices et de pédales d'amortissement dont il est l'inventeur et qui porte aujourd'hui son nom.

Un jour de ces six mois, une séance eut lieu ; le jeune pianiste nommé par l'Académie pour toucher le piano-Bachmann en présence de tous, était un de nos compatriotes, M. Savary.

Quand il eût joué, M. le vicomte de Cussy, président de cette assemblée, se leva et adressa les éloges les plus flatteurs à M. Savary, puis un procès-verbal fut rédigé dans lequel on lit :

« Séance du 18 janvier 1854.

» L'Académie nationale, agricole, manufacturière et commerciale, sur le rapport présenté par son comité des récompenses et approuvé en assemblée générale, tenue à l'Hôtel-de-Ville de Paris, le 18 janvier 1854, décerne une médaille d'honneur de 1re classe (or) à M. Bachmann, facteur de pianos à Tours et à Angers, pour son système de chevilles modératrices et sa pédale d'amortissement, ainsi que pour les nombreux perfectionnements qu'il a apportés dans la fabrication des pianos.

Approuvé par :

« THALBERG, AUBER, MARMONTEL, LACOMBE, RAVINA, POTIER, SAVARY, etc., etc. »

(Extrait du journal des travaux de l'Académie nationale, agricole, manufacturière et commerciale.)

C'était flatteur sans doute, et les examinateurs ne s'en tinrent pas à ce procès-verbal, chacun d'eux adressa des félicitations particulières à M. Bachmann. Voici deux de ces lettres qui attireront infiniment plus l'attention publique que tout ce que nous pourrions dire.

LETTRE DE M. THALBERG.

« Monsieur ,

» Je m'empresse de vous exprimer toute la satisfaction que j'ai éprouvée en examinant l'instrument que vous avez exposé.

» Les améliorations que vous y avez introduites sont précieuses , et j'ai été également satisfait du son et du toucher de ce piano qui vous fait beaucoup d'honneur.

» Recevez , Monsieur , l'assurance de mes sentiments distingués.

» S. THALBERG.

» Paris , 14 avril 1854. »

LETTRE DE M. LACOMBE.

« Monsieur ,

« Je veux vous dire encore combien j'ai été satisfait de l'instrument que j'ai essayé hier chez vous. Votre piano, par la beauté, par l'égalité, par la puissance du son , mériterait déjà de très-grands éloges. Mais vous ne vous êtes pas borné à fabriquer un excellent piano ; vous y avez ajouté un perfectionnement remarquable , et j'ai été étonné de la simplicité du mécanisme , si ingénieux , à l'aide duquel vous donnez tant de justesse , tant de solidité à l'accord. C'est là , Monsieur , une merveilleuse invention qui vous vaudra certainement l'estime, la reconnaissance même, de tous les artistes appelés à la connaître et à l'apprécier.

» Recevez , Monsieur , mes sincères félicitations et croyez à l'expression de mes sentiments distingués.

» LOUIS LACOMBE.

» Paris , ce 26 mai 1834. »

Le directeur du Conservatoire , M. Auber, fut chargé de faire le rapport du piano système-Bachmann ; et c'est d'après ce rapport que l'un des ministres de S. M. l'Empereur écrivit la lettre suivante à l'auteur :

LETTRE DU MINISTRE D'ETAT ET DE LA Maison de l'Empereur.

« Je m'empresse de vous informer, Monsieur, qu'après avoir pris les ordres de l'Impératrice , je vous autorise à prendre le titre de fournisseur de S. M.

» Le brevet , destiné à sanctionner cette autorisation, vous sera délivré dans les bureaux de mon ministère , où vous pouvez vous présenter , à partir de ce jour, pour le retirer.

» Recevez , Monsieur , l'assurance de ma parfaite considération.

Le Ministre d'Etat et de la maison de l'Empereur ,
» ACHILLE FOULD.

» **Paris, 21 octobre 1854.** «

La protection accordée par S. M. l'Impératrice n'est-elle pas la dernière consécration apportée aux pianos système-Bachmann , et la sanction du jugement des grands maîtres qui les ont considérés comme étant d'une facture hors ligne ?

Le système Bachmann a obtenu :

1° Un premier prix à Laval en 1852 ;
2° Un premier prix à Angers en 1853 ;
3° Un premier prix à Bordeaux en 1854 ;
4° Une médaille d'honneur 1re classe (en or) de l'Académie de Paris en 1854 ;
5° Une médaille à l'Exposition universelle en 1855 ;
6° Un rappel de médaille de 1re classe par l'Académie de Paris en 1857 ;
7° Une médaille en vermeil (1er prix) au Mans en 1857 ;
8° Une médaille d'honneur (en or) , dite *Couronne du mérite civil de l'Institut des Arts-Unis* , à

Londres , pour service rendu au progrès des arts industriels (1857).

9° Enfin , une médaille d'or du mérite artistique et industriel , décernée par l'Institut historique de Londres (1857).

Est-ce assez ? Qu'ajouter à tout cela ?

Mécanique.

M. Dupré , horloger-mécanicien à Château-Gontier.

Au milieu de l'immense matériel des machines exposées au remarquable concours de Laval , nous avons prêté une attention particulière à une machine au sommet de laquelle un homme seul , depuis le matin jusqu'au soir , faisait monter et descendre continuellement, avec rapidité et sans fatigue , un seau contenant quatorze litres d'eau.

Cette machine , propre aux carrières et aux puits , nous semble surtout utile pour l'irrigation des jardins.

L'inventeur , M. Dupré , a conçu sa machine aussi simple et aussi avantageuse que possible pour l'usage auquel elle est destinée. C'est en effet à l'aide d'une corde sans fin , roulant sur une poulie qui lui sert de point d'appui , d'une vergette de fer servant au haut de régulateur pour empêcher les oscillations du seau dans sa cours rapide , et d'un contre-poids en plomb qu'il a réussi à obtenir que le seau en montant est aussi léger qu'en descendant, de manière qu'un enfant de 7 à 8 ans peut , avec un doigt , vider le seau rempli , puis le faire descendre et monter continuellement avec la plus grande facilité.

Nous pensons que cette machine qui , par sa simplicité et sa solidité , est à l'abri des inconvénients du détraquement des pompes et de leur entretien si coûteux , peut être appelée à rendre de grands services.

M. Dupré est auteur d'une autre invention qui n'est pas sans utilité pour la classe intéressante des scribes et laboureurs de parchemins et de papiers timbrés. Nous voulons parler du perfectionnement qu'il a apporté aux plumes d'acier ordinaires, au moyen de deux opérations qu'il leur fait subir.

La première a pour but d'obtenir un réservoir d'encre formé par un barrage qui en régularise et facilite l'écoulement.

La seconde *rode* et brunit les angles du bec de la plume de manière à la faire glisser sur le papier avec douceur et légèreté et à former des traits réguliers et d'une grande délicatesse.

Ces deux améliorations sont obtenues à l'aide de deux machines de l'invention de M. Dupré, de la plus grande simplicité, mais qui sont merveilleuses entre des mains de femmes et d'enfants. On est vraiment étonné de la vitesse avec laquelle M. Dupré arrive à ce double perfectionnement. C'est ce qui explique du reste le bon marché auquel M. Dupré livre ses plumes au commerce.

224. MM. DEBATÈNE, FRANCEZON et Cie, fabricants de robinets à Belleville près Paris, représentés à Laval par M. A. Genesley.

Nous avons considéré ce nouveau système de robinets et nous pensons qu'il est d'une commodité et d'une solidité parfaites. Ces robinets très-simples sont en cuivre et à soupape ; une fois appréciés, on s'empressera d'en faire usage.

Hygiène.

584. MM. MONDOLLOT freres, 94 et 96, rue du Château-d'Eau, à Paris, ont exposé des appareils *gazogène-Briet* pour la préparation des eaux de seltz.

Leur collection est complète, car on y trouve des appareils riches, ordinaires et de différentes dimensions. Ces appareils sont accompagnés de bocaux contenant l'acide tartrique et le bicarbonate de soude, et d'un appareil anesthésique pour la production du gaz acide carbonique. D'après des hommes compétents, cet appareil est fort remarquable et des plus utiles.

Objets d'ameublement.

664. MM. A. Gallais et Serph, fabricants d'objets en laque incrustée, de Paris.

Ces habiles fabricants ont envoyé à notre Exposition des guéridons représentant une vue générale de Laval prise du chemin de halage, et une vue du viaduc en laque incrustée de nacre. Ce travail fait honneur à MM. Gallais et Serph. Sous un certain jour, on croirait voir le château de Laval resplendissant des illuminations du 7 septembre dernier.

Cette maison est représentée à Laval par M. A. Genesley.

693 SOMMIERS ELASTIQUES.

M. Aimé Saint-Loger, de Paris, a exposé en notre palais un lit-canapé et un sommier élastique.

Nous l'avouons, la résistance des ressorts employés à cette fabrication nous étonne tout autant que le moëlleux qu'on y rencontre. Ces objets ne peuvent servir de nid aux insectes ; la propreté donne ici la main au confortable, l'élegance à la légèreté et à la solidité.

Le prix de ces sommiers et de ces lits canapés, que l'on peut replier de manière à les transporter dans un bosquet, est abordable pour tout le monde. La maison de Paris est representee par M. A. Genesley à Laval.

Filatures.

PRÉPARATION DES MATIÈRES—FILATURES—TISSUS.

1° Maisons représentées à Laval par M. A. Genesley

Nos 358 et 382. **MM. Davillier** f^{res}, **Sanson** et c^{ie}, manufacturiers à Gisors (Eure) — (A) Paris 1819. (O) Paris 1849. (Méd. 1re cl.) Paris 1855.

On remarque à leur exposition des cotons simples et retors jusqu'au n° 80, qui ne laissent rien à désirer, ainsi que leurs tissus pour toiles et serviettes, que nous avons généralement admirés.

N° 350. **M. Bailly-Blanchard**, ancienne et grande maison de commerce à la Nouvelle-Orléans (Amérique).

Une superbe série de cotons en poil , présentant sept types des principales désignations des cotons achetés au Hâvre par les filateurs de Rouen et de Condé qui vendent sur la place de Laval.

Nᵒ 387. Le Caïd des Beni-Amram Salah Ben-Bou-Sedira , à Djidjelly (Algérie).

Cet enfant de Mahomet est un des premiers Arabes qui se soit livré largement à la culture du coton. Ses essais ont déjà été récompensés par le gouvernement français , et des succès mérités répondent aujourd'hui à ses entreprises.

Il a adressé à notre Exposition un échantillon de cotons récoltés l'année dernière , et qui , bien qu'ils ne semblent pas avoir été ménagés , laissent voir encore toute leur beauté , et les ressources que , dans un temps prochain , l'Algérie offrira à la France.

Nᵒ 378. MM. Porteu , frères , négociants-filateurs à Rennes. (A) Paris 1823-1834 , Rappel 1839-1844 , Médaille 2ᵉ classe Paris 1855.

Les connaisseurs ont admiré la belle qualité et la préparation de leurs chanvres et de leurs lins. — Leurs toiles à voile et à sacs sont parfaitement confectionnées. On s'arrête devant leurs fils pour la sellerie et la cordonnerie ; partie de ces fils est préparée à la gutta-percha et au caoutchouc.

Nᵒ 399. MM. Petel et Lefebvre , teinturiers, chineurs et apprêteurs à Darnetal près Rouen.

Ils ont en nos galeries une magnifique collection de cotons chinés et teints.

Nous croyons devoir rappeler ici que cette maison , qui ne peut concourir , a déjà eu une mention honorable à notre précédente exposition , et qu'elle est la première qui ait fourni ces genres de filés dans nos contrées.

Nᵒ 360. M. Jarriel , filateur de coton à Guibray.

La collection de cotons filés que cette maison a fait exposer est minime , mais elle permet de pourvoir juger de la qualité fort appréciable de ses produits. Nous pensons que ses continus sont appelés à prendre une bonne place dans la fabrication lavalloise.

Nº 383. MM. Fayot et Pierrefeu , négociants filateurs et imprimeurs à Thizy (Rhône).

Ils ont exposé dans nos galeries des finettes imprimées façon tartan-noir grand teint , imitation de peluche de soie , des couvertures en déchets de coton et en poil de cabri.

Nous avons , autour de nous , entendu généralement louer la beauté et la modération des prix de ces articles.

Nºs 393 et 394. M. Félix Deshaies , teinturier à la Carneille (Orne).

Cette maison de commerce , l'une des plus parfaites peut-être de la Normandie en matière de teinture bleue, a exposé deux collections de bleu qui se recommandent à l'attention des fabricants.

M. Deshaies a , en outre, joint à ces échantillons le modèle d'une machine à teindre inventée par lui et brevetée. Cette machine paraît très-simple et propre à hâter le travail.

Nous n'ajouterons pas « et à le faire dans de bonnes conditions , » car nous ne l'avons pas vue fonctionner.

Nº 356. Filature anonyme d'Ourscamp (Oise) sous la direction de M. Peigné de la Cour.

La vitrine que cette maison a exposée dans notre palais de l'Industrie renferme une collection complète de cotons filés jusqu'aux numéros 80 et 100 ; ces productions soutiennent la réputation déjà bien établie de cette maison. Nous regrettons qu'elle nous ait caché ses tissus qui ont acquis une certaine renommée (A). 1827, 1839, 1844, 1849 (G. M.) 1851. Médaille 2e classe Paris 1855.

Nº 354. MM. Delente frères , à Oisseau près Mayenne. — Filature hydraulique de coton.

Nous applaudissons de bon cœur à l'exposition de cette maison, composée d'une série de ses cotons depuis les bas numéros en canettes, propres au tisssage des toiles-coton de Mayenne. Ces cotons sont de plus en plus estimés. Les numéros 26 atteignent bientôt les premières marques, et les retors 2 fils sont bien câblés et parfaitement convenables aux bessoins de la fabrique de Laval où ils doivent trouver un large débouché.

2o *Maisons représentées par M. T. Regereau, rue Joinville à Laval.*

352. M. GRANCHER, filateur à Minesqueville près Rouen — Son exposition est très-remarquable par la qualité de ses chaînes Mull-Jenny, qui ne laissent rien à désirer sous le rapport de la régularité et de la qualité des cotons.

M. PATRICE père, à Villers-Ecalles. — Cette filature est surtout appréciée à Laval pour ses chaînes continues qui peuvent rivaliser avec les meilleures en ce genre ; elle file également des chaînes Mull-Jenny qui sont d'un prix trop élevé pour la ville de Laval.

M. CONSEIL, à Charleval — Filature estimée surtout pour l'emploi des genres d'un prix moyen. La régularité et la propreté de ses fils sont très-prisées.

Ces trois filatures ont un dépôt à Rouen, chez M. Coquatrix, qui a exposé leurs produits à Laval.

355. M. F. DESCHAMPS, filateur à Chollet. — On ne saurait le méconnaître, cette filature a beaucoup gagné depuis quelques années ; elle fait plusieurs genres de filés simples et retors.

Les chaînes Mull-Jenny et continues sont acceptées, mais on se plaint de ce qu'elles ne sont pas assez régulières.

Ses retors deux fils sont encouragés, mais ses retors câblés neuf et douze fils sont parfaits et vendus à de très-bonnes conditions.

Nous engageons ce filateur à améliorer de plus en plus sa filature, qui doit rivaliser, sous sa direction, avec les meilleures.

363. M. Lucas, filateur à Courcelles, près Bernay. — Nous devons des éloges à cette filature pour la manière dont sont façonnés ses retors, classement, régularité et qualité de laine.

359. MM. Hartog frères, filateurs de lins et d'étoupes à Rouen. — *La Foudre* est le nom de cet établissement qui renferme quatorze mille broches en mouvement nuit et jour, et occupe mille ouvriers.

Il y est filé par jour cinquante-huit millions de mètres de longueur, et cette filature, dans l'espace de dix-huit heures, fournirait un fil qui ferait le tour de la terre.

Cette fabrique absorbe par an pour trois millions de matières textiles et pour trois millions de combustibles.

Lors de son passage à Rouen, le Chef de l'Etat a honoré cet établissement de sa visite.

On peut, sans qu'il soit besoin d'autre éloge, examiner à notre Exposition les produits de cette filature.

358. M. Guillouet fils ainé, filateur à Condé-sur-Noireau (Calvados). — Cette filature, montée entièrement à neuf depuis une année, file aujourd'hui de très-bonnes chaînes Mull-Jenny, depuis le N° 4 jusqu'au N° 20.

Nous lui recommandons de continuer à filer aussi régulièrement et à employer de bonnes qualités de laines.

397. M. E. Leconte, blanchisseur à Morlaix. — Nous complimentons cet exposant sur la manière dont ses fils sont blanchis. Cependant il serait à désirer que ses fils perdissent moins de leur poids au blanchîment. Sans cela ses produits, sous tous les rapports, obtiendraient l'approbation générale.

Espérons qu'une autre fois nous n'aurons que des éloges à lui donner, sans restriction aucune.

COUTILS UNIS ET FAÇONNÉS.

Exposition collective des Fabricants de Laval.

En parcourant les galeries consacrées aux tissus, l'attention du visiteur est forcément arrêtée par la belle exposition collective des tissus façonnés de Laval. Au lieu de présenter leurs produits par expositions individuelles, les fabricants ont eu l'heureuse inspiration de les réunir en un seul faisceau ; l'effet est des plus heureux. Nous avons tous reconnu à l'Exposition universelle les bons résultats de ces expositions collectives ; il est certain que l'effet en est plus saisissant et que l'intérêt en est considérablement augmenté. La magnifique exposition des fabricans de Laval constate l'existence d'un centre de fabrication, dont le nom et la réputation s'étendront au loin et dont la région de l'Ouest a tout lieu de s'énorgueillir.

L'exposition des coutils unis et façonnés occupe le centre de la galerie des tissus et se développe sur deux faces dans toute la longueur de cette galerie. D'un côté on remarque avec intérêt les coutils unis, les tissus coton et fil, si remarquables par leur force et leur excellente fabrication ; l'autre face étale un riche assortiment de tissus façonnés. Ici, on ne sait lequel on doit le plus admirer, de la beauté du tissu, de la grâce et de l'élégance des dessins et de l'assortiment des couleurs.

Les coutils unis se font remarquer par des grains très-variés et de délicieuses nuances ; les tissus tout coton ou mélangés, plus modestes et réservés à d'autres classes se recommandent par une force et une qualité qu'aucune fabrique ne dépasse. D'un autre côté, l'œil s'arrête avec plaisir sur ces délicieux tissus à fond clair, qui se distinguent par des dessins exquis et de charmantes couleurs. Cependant, ce bel assortiment ne représente que les dessins anciens et tombés pour ainsi dire dans le domaine public ; des considérations, que tout industriel comprendra, ont empêché les fabricants d'exposer les nouveautés de la saison. Il nous a été donné de voir dans différents établissements les produits de cette année, et nous pouvons dire hautement que cette fabrication se soutient avec éclat et qu'elle marche toujours dans le progrès. Nous avons surtout été dans l'admiration des magnifiques piqués produits aujourd'hui à Laval ; nous n'avons plus rien à envier maintenant aux Anglais pour la qualité et la variété de ces jolis tissus, et nous les dépassons de beaucoup pour le goût et l'élégance des dessins. C'est une conquête dont nous devons savoir gré aux industriels de Laval.

La fabrique de Laval emploie 12,000 ouvriers ; quand on songe que cette population de tisserands, qui s'est perpétuée depuis plusieurs siècles, est une des plus habiles du monde, on ne peut douter un instant de l'avenir qui attend une fabrique créée avec de tels éléments ; aussi avons-nous vu une ville du Nord, qui naguère avait le monopole de cette industrie, céder la place à Laval et se tourner vers un autre genre de fabrication. Elle a compris que les ouvriers du Nord ne sauraient jamais exécuter ces tissus de lin et de coton comme les ouvriers de notre pays, habitués à produire avec ces matières des tissus d'une qualité exceptionnelle. Aujourd'hui donc la fabrique de Laval est sans rivale en France ; loin de s'arrêter là, elle semble redoubler d'activité pour progresser et se développer avec plus d'éclat. D'habiles teinturiers, dont les produits se font admirer à l'Exposition, viennent prêter un concours essentiel à ce progrès.

En présence de ces magnifiques résultats, de ces produits si variés, si parfaits de fabrication et de goût, si riches de dessins et d'un bon marché qui leur assure des avantages incontestables sur les tissus de laine douce, nous ne pouvons nous empêcher de témoigner hautement de notre admiration et de notre confiance dans l'avenir. Honneur donc aux fabricants de Laval qui ont su porter si loin le nom de leur intéressante cité ! ce nom, déjà si honorablement connu, acquerra une réputation européenne, comme ceux de Rouen, Mulhouse, Manchester, Glasgow.

Il est à désirer que ce progrès soit constaté d'une manière également honorable pour les fabricants qui ont voulu être représentés à cette Exposition et pour la société qui la dirige ; nous avons pensé que, pour arriver à cé but, la marche se trouverait naturellement tracée par ce qui s'est fait à l'Exposition universelle, et nous proposons qu'une médaille d'or soit decernée à l'Exposition collective des fabricants de Laval, laquelle médaille, accompagnée du diplôme portant les noms des exposants qui ont pris part à ce concours, pourrait être déposée dans la Chambre de Commerce de Laval et perpétuerait le souvenir de cette belle Exposition.

Marcel VÉTILLARD, du Mans.

Marbres.

L'exposition remarquable des marbres de la Mayenne en notre Palais de l'Industrie prouve, une fois de plus, que notre département doit être classé au nombre de ceux qui en produisent les espèces les plus nombreuses et les plus variées en nuances.

La collection de ces marbres, déjà si riche, s'augmente chaque année par la découverte et l'exploitation de nouvelles carrières.

On peut donc, sans encourir le reproche de se laisser aveugler par un *patriotisme* peu éclairé, affirmer que, si notre pays ne produit pas les marbres les plus beaux de France, on ne saurait lui contester qu'il en fournit un très-grand nombre de variétés, d'espèces et de nuances.

Voici la nomenclature à peu-près complète des marbres extraits des différentes carrières de la Mayenne :

En SAINT-BERTHEVIN, trois variétés : le *rose*, le *granit*, le *brèche*.

En BONCHAMP, deux variétés : le *gris fleuré* et le *petit-gris*.

En ARGENTRÉ, deux variétés : le *montroux* et le *noir*.

En LOUVERNÉ, trois variétés : le *gris-panaché*, le *Sainte-Anne de Laval*, le *petit-antique*.

En GREZ-EN-BOUÈRE, quatre variétés : le *rose-anjugeray*, le *sarrancolin de l'Ouest*, le *jaune*, le *gris de Taude*.

En Torcé , quatre variétés : le *gris-rose* , le *bleu-Tarquin* , le *brèche-violette* et le *gris-mosaïque*.

Cinq maisons importantes exploitent ces marbres. Leurs usines hydrauliques mettent en mouvement un millier de lames de scies qui débitent , chaque jour , en moyenne , trois cents mètres carrés , expédiés en tranches par le chemin de fer , la Mayenne et la Sarthe, dans toutes les parties de la France où l'on travaille le marbre.

Ce commerce , fort important pour la Mayennne , tend chaque jour à s'agrandir et à se développer davantage. Les principales maisons marbrières de Paris , qui ne débitaient , il y a peu de temps encore , dans leurs usines à vapeur , que des marbres blancs d'Italie et quelques marbres connus des Pyrénées et de la Belgique, commencent à rechercher les produits de nos rochers. Aussi voit-on journellement diriger des blocs de nos carrières sur Paris où ils sont coupés en tranches et vendus sur place.

Etude sur chacune des expositions particulières de Marbre à notre Palais de l'Industrie.

1º Maison de Mᵐᵉ veuve HENRY , de Laval. — Usine hydraulique sur la Mayenne , commune d'Avénières.

L'exposition de cette maison se composait de deux tranches et de onze cheminées de marbre , de formes et de nuances variées , qui n'étaient du reste , disait on , placées sous les regards du public que comme échantillons des marbres exploités et livrés au commerce par Mᵐᵉ veuve Henry.

Dans l'exposition de cette maison nous avons remarqué une cheminée de marbre dit *petit antique* , et estimé comme l'un des plus rares et des plus précieux marbres français.

Cette cheminée, d'une forme originale, tout à fait en dehors des modèles ordinaires et d'un beau travail , produit un grand effet. Elle est , nous a-t-on asssuré , destinée au château de M. Lebailleul , de Meslay , œuvre qui fait honneur au goût et au talent de notre jeune architecte M. Alfred Boutreux.

Puis une autre cheminée en marbre blanc , forme Pompadour. Des connaisseurs l'ont considérée comme un des beaux travaux de notre Exposition. Les sculptures , les ornements qui la décorent , d'une exécution pure et véritablement artistique , sont distribués avec une entente parfaite sur toutes les parties de cette cheminée.

2º Maison LANDEAU et Cⁱᵉ , de Sablé. — Usine hydraulique sur la Sarthe, à Solesme près Sablé (Sarthe).

La principale pièce exposée par cette maison est une colonne en marbre noir , de Sablé , d'une hauteur de près de sept mètres.

Comme monolithe , cette pièce est prodigieuse. A cette occasion , nous devons observer ici qu'il est possible d'extraire des carrières de Louverné des blocs atteignant dix mètres de longueur sur plus d'un mètre d'épaisseur.

Outre cette colonne , la maison Landeau a exposé des tranches et des cheminées de marbre de la Mayenne d'une grande beauté. Parmi ces produits , nous avons surtout admiré un gris mosaïque nouvellement découvert et exploité.

3º Maison MICHEL , de Sablé. — Usine hydraulique sur la Sarthe.

Beaux marbres du pays , en tranches et cheminées. Les amateurs s'arrêtaient pourtant de préférence à une table en marbre de Grez très-jolie , d'une grande difficulté de travail , et qui a excité l'admiration générale. Malheureusement, ce meuble fort original est d'un usage dangereux à cause de son poids, car il peut rayer le parquet et briser le carrelage.

7

4º Compagnie Marbrière et industrielle du Maine, au Mans. — Usine hydraulique sur l'Huisne.

Collection variée de marbres, de cheminées de toutes formes, de tables, colonnes, vases, etc.

Nous regrettons que cette maison, qui a exposé des marbres fort beaux de la Mayenne et de la Sarthe, ait cru devoir joindre à sa collection une certaine quantité de marbres étrangers. Ces derniers, tant beaux, riches et brillants qu'ils aient été choisis, ne sauraient modifier notre opinion sur ceux de la Mayenne et de la Sarthe, qu'on prise, ailleurs que chez nous, d'une autre valeur que celle qu'on leur accorde en notre pays, uniquement parce qu'ils sont le produit de notre sol.

Négociants Marbriers.

M. HENRI BOUHOURS, à Laval.

Il a exposé une cheminée en marbre de Carare, style Louis XV.

Cette œuvre, au dire des gens du métier et d'artistes distingués, est bien conçue, délicatement fouillée et fait le plus grand honneur à MM. Henri Bouhours et Frogerais, son ouvrier, qui l'a exécutée.

M. Frogerais est un habile ouvrier, nous devons dire plus, un artiste de talent. Quelques-unes de ses œuvres ornent plusieurs des salons de notre ville. Nous eussions aimé, le jour de la distribution des médailles, voir la commission lui faire partager avec le premier ouvrier de la Compagnie Marbrière du Maine, la distinction flatteuse dont elle a honoré celui-ci. Une telle récompense, qui était du reste méritée, eût engagé peut-être M. Frogerais à s'établir en notre pays.

M. Joseph CROISSANT, marbrier, rue du Théâtre à Laval.
(M. H. à Laval en 1852.)

660. Une cheminée, genre grec, en marbre gris fleuré de Louverné, près Laval.

En choisissant le marbre gris fleuré de Louverné, M. Croissant a voulu certainement faire honneur aux marbres de la Mayenne ; car le genre de sculpture qu'il voulait reproduire réclamait essentiellement le marbre blanc, qui produit plus d'effet et qui n'offre pas pour le travail les difficultés que l'ouvrier rencontre dans les autres marbres.

Nous pouvons le dire, M. Croissant qui, même aux yeux de ses confrères, possède un talent réel dans la coupe des marbres, s'est ici surpassé lui-même.

En effet, les denticules ainsi que les arcatures et les pendentifs sont d'un travail aussi léger que parfait.

Il y a de l'élégance dans les culots (petits culs de lampe), et l'effet des chapiteaux et des ornementations placés au centre des pilastres sont très-gracieux.

La moulure de la tablette de cette cheminée est très-riche.

Le poli est fort beau, mais son opération a dû être très-difficile, vu la multiplicité des détails et le genre de ce travail.

Cette cheminée ornerait très-bien la chambre d'une dame.

M. Poirrier, du Mans.

Il a exposé une cheminée Pompadour en rose de Grez, d'un beau travail et d'un bon goût comme modèle ;

Un tabernacle gothique en marbre blanc fort solide, dont les moulures sont parfaitement fouilleés.

Sculpture en pierre.

M. Brindeau, de Laval.

Il a exposé deux monuments funèbres en pierre de Laveau.

Le premier, genre gothique XVe siècle, est orné de deux clochetons, le long des arrêtes desquels s'épanouissent des choux.

La frise est à jour , en feuilles de chardons parfaitement fouillées. Des choux courent sur les rampes
d'où s'échappe , au-dessus des clochetons , une croix
sculptée.

Une belle plaque en marbre noir est encadrée au sein
des ornementations gothiques pour y recevoir une inscription ; elle est posée sur une base à moulures, qui est
elle-même assise sur un socle en granit.

Le second , genre renaissance , avec une belle plaque
en marbre blanc, est orné tout autour de raies de cœurs,
et les angles de deux flambeaux renversés.

Le monument est couronné d'un chapeau à moulures
et denticules, aux quatre angles duquel sont deux pal -
mettes , le tout surmonté d'une croix d'un bel affet.

La base , également à moulures , est assise sur un
socle en granit.

Ces deux monuments attestent le talent artistique de
l'ouvrier , qui manie le ciseau avec habileté , et possède
un vrai savoir dans les différents genres de sculptures.

Nous regrettons sincèrement que M. Brindeau ne
nous ait pas mis à même de rendre , d'une manière plus
ample , justice à son talent, en exposant, à côté de ses
deux monuments funèbres , un médaillon représentant,
par exemple, les armoiries *vraies* de la ville de Laval ,
et ensuite l'autel, en pierre de Laveau , qu'il sculpte en
ce moment pour M. Lévêque-Berangerie. On eût applaudi
à son œuvre , comme , il y a cinq ans , on applaudit à
celle de M. Deschamps à l'occasion de son autel moyen
âge.

La pierre de Laveau, qu'il a employée et , si nous ne
nous trompons , qui se tire des environs de Poitiers ,
est fort belle et convient parfaitement anx monuments
funèbres , vu que cette pierre est solide et se durcit à
l'air. Nous l'avons vu employer dans les cimetières des
principales villes de France , à Paris , à Bordeaux , à
Nantes , etc.

Lingerie.

Mᵐᵉ Lᴇʙʀᴇᴛᴏɴ, née Cᴏᴜᴘᴘᴇʟ, marchande de Blanc et confections rue Renaise, à Laval (M. H. 1852).

La foule, depuis l'ouverture de l'Exposition, s'arrête continuellement devant les objets qui sont renfermés devant la vitrine de cette dame.

739. 1° Un coussin, chef-d'œuvre de broderie, dont le dessin a été composé par M. Beer fils, de Paris, et exécuté sous sa direction à Nancy, par dix-huit ouvrières, qui ont employé à ce travail mille journées.

Le centre du coussin représente les armes de LL. MM. l'Empereur et l'Impératrice, et ce qui l'entoure, un semé d'abeilles. Il faudrait presque un microscope pour distinguer les fils qui ont été employés dans cette broderie qui est d'un fini inimaginable, au point de donner croyance aux contes de fées.

La garniture ou volant se compose de jours d'Alençon sans nom, et qui ont été inventés non moins par les ouvrières que par M. Beer. Les initiales N et E sont brodées en relief très-léger, au milieu de ces jours vaporeux.

Un encadrement de feuilles de laurier et de chêne se termine, aux quatre coins, en nœuds représentant la croix de la Légion-d'Honneur surmontée d'une couronne impériale, ornée chacune d'une croix d'ordre différent.

La garniture est formée du même feuillage que l'encadrement et de jours d'Alençon terminés par un picot de fils : dans ces jours sont brodées les lettres N et E, surmontées d'une couronne impériale.

740. *Dentelles* en points d'Angleterre pour volants de robes ; le dessin représente des bouquets de roses composés de points d'aiguilles.

Une *Camisole* composée d'entre-deux brodés sur Nansouk au plumetis, et de petits plis avec piqûres à fils *comptés* et garnis de Valencienne. — *Fichu* Marie-

Antoinette , en ruche de tulle et petit velours. —
Manches composées de bouillons de tulle-zéphyr , au
milieu desquels est un point d'Angleterre ; ces manches
sont retenues à la couture par un ruban de taffetas blanc
et terminées par un nœud de taffetas de même nuance.
—Petit *bonnet* de premier âge, composé de Valencienne
et de petits rubans blancs.—*Bonnet* de femme en Valencienne, entre-deux brodé et bouillonné de mousseline, brides en taffetas blanc, terminées par un nœud. —
Mouchoir de poche brodé au plumetis sur batiste en fil,
garni d'une Valencienne.—Col en points d'Angleterre,
et col brodés ur mousseline au plumetis et à jours d'A-
lençon. — Ces confection ont été exécutées par les ouvrières de Mme Lebreton-Couppel.

Cette vitrine a fait les délices de toutes les dames.

Chemises pour hommes et corsets.

745-46-47. Mme Voigt et Mlle Gachot, chemisières
et corsetières à Laval, ont exposé une chemise d'homme,
une chemise de femme et des corsets. Ces objets étaient
parfaitement confectionnés. La chemise d'homme ayant
toutefois attiré plus particulièrement notre attention ,
nous allons faire connaître ici le résultat de notre
examen.

D'abord, et ceci ne doit pas être dédaigné de nos
fashionables , la façon de la chemise forme la taille aussi
nettement qu'un corsage pour femme ; la coupe prend
aux épaules et à la gorge comme un plastron, sans
faire aucun pli sur le devant et, en exprimant le bombé
de la poitrine , n'imite pas la besace de Polichinelle-
vampire.

Les petits plis de la chemise sont aussi réguliers que
les grands.

Tous les connaisseurs ont remarqué les fronces et leur
montage au poignet, au bas de la taille et sur le dos.

Les piqûres sont perlées et presque imperceptibles ; les
boutonnières faites de fil en fil ; elles sont serrées de
manière à couvrir la toile ; l'ensemble des coutures ne
laisse du reste rien à désirer.

L'ouvrière qui a confectionné cette chemise travaille

avec la régularité savante et adroite d'une mécanique ; elle a fait, nous dit-on, son apprentissage chez M. Cochet, un des premiers coupeurs de Paris.

Le talent de Mlle GACHOT est incontestable ; seulement nous croyons devoir dire ici que Mlle Gachot se sert de la main gauche quand elle veut exécuter en *ouvrière* les travaux le plus difficiles et les plus admirables, et de la main droite quand elle veut broder ou coudre en *demoiselle*. Avis donc aux fashionables ! qu'ils n'oublient jamais d'exiger le travail de la main gauche.

Modes et Confections.

732, 33 et 34. Mlles DELILE NAFRECHOU, rue Napoléon,
à Laval.

A côté du joli tableau des *Jeunes Ouvrières*, dont nous avons parlé précédemment, nous aurions dû placer la vitrine de Mesdemoiselles Delile-Naffrechou. Pour détailler ces infinies délicatesses de coupe et de couture qui, dans la façon d'une robe, d'un col, d'une manche, d'un chapeau, d'un bonnet, constituent le talent d'une modiste et par suite la beauté de second ordre du sexe, il nous faudrait emprunter la plume pleine de finesse de Mme la comtesse de Renneville, directrice de la *Gazette rose*, journal de littérature et de modes. Cela ne se peut ; restons donc un simple mortel, assez audacieux toutefois pour oser porter la main jusque sur le bord de la frange de vêtemeuts mystérieux pour nous.

Considérons d'abord cette *toilette de ville*.

Une robe de soie noire, sans basques, à double jupe, ouverte sur le devant, arrondie des côtés, garnie d'une disposition écossaise se détachant gracieusement sur le noir.

Le corsage, bien découpé et ajusté, est d'une souplesse charmante.

Les manches, à doubles bouillonnés. sont garnies d'un volant assorti à la garniture de la double jupe.

Les sous-manches et col rubens , avec dentelles en application , complètent cette *toilette de ville*.

C'est riche, simple et élégant. La façon et la coupe de cette robe sont d'un fini gracieux , d'une sévérité de bon goût ; elle sort de l'ordinaire.

2° *Toilette de bal*.

Elle se compose de volants de tulle double , et, par-dessous , d'un volant de tarlatane avec un large ourlet encadrant un ruban rose ; garnitures en quilles , d'un côté des branches de roses et des grapes de mûres , de l'autre une échelle de rubans roses.

Corsage décolleté et à pointes , avec draperies de tarlatane et blonde ornées de nœuds de ruban rose.

Sortie de bal , forme *Ristori* , en cachemire blanc , doublée de marcelline rose et garnie d'une ruche *Raphaël ;* capuchon garni de dentelles noires et de deux glands sur les épaules.

Rien de plus gracieux et de plus séduisant.

Ces robes sont aussi remarquables à l'intérieur qu'à l'extérieur. Tout est soigné , parfaitement cousu , et les piqûres d'un fini admirable

3° *Chapeau*.

Un chapeau de crêpe bleu et de tulle blanc , bouillonné avec une dentelle noire sur la passe ; garniture de plumes bleues de côté ; intérieur bleu de Chine.

C'est élégant coquet et distingué.

4° *Coiffure de soirée*.

Une coiffure , dite *cache-peigne* , en velours noir , ornée de fleurs rouges et de perles de jais.

Elle doit être un joli accompagnement sous le bandeau pour une belle tête , car elle nous semble onduler avec grâce par derrière et de façon à laisser voir la beauté de la chevelure.

Cette exposition fait honneur à Mlles Delile dont le talent et le goût sont dignement appréciés en notre ville.

Cette appréciation de notre part devait nécessairement rencontrer des contradicteurs, les uns s'attaquant à l'écrivain, les autres aux demoiselles modistes.

On a dit d'abord : Bah ! mais c'est charmant, ça, est-ce que les hommes se connaissent en toilettes de femmes ?

— Pourquoi non ? le contraire ne serait-il pas plus étonnant, vu les conversations perpétuelles du beau sexe sur les chiffons, au-dedans comme au-dehors des maisons.

— Les papas et les maris, peut-être ?

— Moins que les garçous, par la raison que ce qui les amuse et les divertit exciterait plus que probablement la colère des maris et des papas, si ceux-ci, pour conserver la paix de leur âme, ne fermaient les yeux et ne voulaient, à tout prix, s'occuper des toilettes de notre époque.

Donc, en notre qualité de célibataire, et d'après les observations faites par des dames et des ouvrières sur la vitrine en question, il nous est permis de parler en toute sûreté de conscience des toilettes qui y étaient exposées.

On a dit ensuite (et ceci est plus méchant, et n'est sorti que de la bouche de personnes intéressées à mépriser le travail d'autrui,) on a dit : L'article sur les modes et confections, publié dans l'*Echo de la Mayenne*, est vraiment *absurde ;* l'écrivain a pris du *vieux* pour du *neuf*, vu qu'il y a six mois que *ce genre de mode n'est plus à la mode.*

Nous sommes trop galant pour donner un démenti à ces dames maîtresses ouvrières ; qu'elles nous permettent seulement, en mettant notre chapeau à la main, de les prier de relire le *Moniteur de la Mode*, qu'elles nous avaient jeté étourdiment à la tête.

Voici, à l'article *Description des Toilettes*, article qui a paru après celui de l'*Echo*, ce que ces dames rencontreront et ce qu'elles devront lire et méditer pour leur plus grande édification.

L'article du *Moniteur de la Mode*, 3e *numéro de septembre*, commence ainsi, pour tenir en éveil l'attention du beau sexe :

« Les toilettes d'hiver seront d'une élégance excessive, à en juger par les quelques nouveautés qui commencent à se montrer. »

Ceci promet : que le beau sexe se réjouisse donc.

Mais quelles sont, en étoffes de soie, les dispositions hors ligne ?

Ce sont des *quilles* figurant de grands *nœuds* ou des bandes, soit droites, soit posées en *échelle*. — J'ai vu, dit il, des moires antiques d'une beauté indescriptible : ce sont des robes à *double-jupe*.

Qu'en pensez-vous, Mesdames, est-ce là du *vieux* ou du neuf?

Continuons :

« Sous-manches garnies de dentelles.

» Si l'on veut, manches fermées, façon *jardinière ;* et si l'on veut, à quatre *bouillonnés*.

» Ces modes, dit le *Moniteur*, je les ai prises chez madame *Judenne*, qui exécute journellement les plus ravissantes toilettes. »

Est-ce toujours là du vieux ou bien du neuf, Mesdames ?

A cet égard, voyons donc ce que madame la vicomtesse de Renneville, la spirituelle directrice de la *Gazette Rose*, journal de littérature et de modes, nous apprend avec sa voix enchanteresse, dans le numéro de *Figaro* du jeudi 22 octobre 1857. — Cette date n'est pas vieille, n'est-ce pas, Mesdames ?

Que nous dit-elle ? — Ecoutez :

« *Figaro* a pris pour moi l'engagement d'analyser l'exposition des *Villes de France ;* mon prédécesseur à moustache ayant fort poétiquement dépeint l'aspect

général , je passe sans préambule au détail de l'exhibition , et je cite : »

Que cite-elle d'abord ?

« Une robe *à deux jupes* , en moire antique (maure , il est vrai) avec des motifs charmants, se détachant
en pentes et en draperies , comme des bouffants et des
crevés Louis XIII. »

Puis ensuite :

« Une parure Maintenon, formée d'un petit col avec
barbe de *Valenciennes* attachée en cravate. Les manches ont trois *bouillons* de tulle et un volant encadré
d'une semblable barbe. »

Quant aux toilettes du soir , voici ce que dit le ***Moniteur de la Mode :***

« Les corsages restent très-montants pour toilettes
de ville. Ceux de robes du soir seront toujours *décol-
letés.*

» Sur les gazes légères , les mousselines, organdis,
tarlatanes, on met de ravissantes fantaisies.

» Les double-jupes plaisent infiniment ; c'est un
genre à la fois élégant et simple. — La fantaisie a plus
de liberté que jamais. On fait de tout , et chaque chose
trouve sa place. »

Que madame la vicomtesse de Renneville cite-t-elle
comme toilette jeune , coquette , élégante et pleine de
distinction ?

« Une robe de soirée en velours impérial feuille de
rose , avec *quilles* de losanges satinés blancs , coupés
par de gros bouquets blancs, genre broderie de Chine. »

Eh bien , comment Mlles Delille ont-elle conçu et
exécuté la toilette de bal qu'elles avaient exposée ?

Prenez l'*Echo de la Mayenne* du dimanche 27
septembre 1857 , et vous y trouverez que cette toilette
« se compose de volants de tulle double et , pardes-
sous, d'un volant de tarlatane avec un large ourlet encadrant un ruban rose , garnitures en *quilles* ,

d'un côté de branches de roses et de grappes de mûres, de l'autre une échelle en ruban rose. »

En vérité, Mesdaames, si c'est là du *neuf*, veuillez, pour ma consolation et en même temps pour venger votre goût dédaigné, écrire au journal la *Gazette Rose* et au *Moniteur de la Mode* que leur rédaction est *absurde* , et que tout ce qu'ils donnent pour du bon goût et du nouveau , c'est tout simplement du *vieux* et du rechauffé.

Art du Dentiste.

M. MARCHAND , dentiste à Laval. — Au détour de l'aile gauche du Palais de l'Industrie on aperçoit une vitrine dans laquelle une demi-douzaine de mâchoires mastiquent à l'envi des unes des autres dans un vide parfait.

Déjà, il y a cinq ans , nous avions vu un petit spécimen du talent de M. Marchand ; aujourd'hui son tableau renferme des pièces qui sont habituellement les œuvres d'artistes parisiens , et qui toutes résolvent les difficultés de l'art dentaire ; ces pièces , qui ne sont nullement d'imagination , sont parfaitement faites. Nous avons été agréablement surpris quand on nous a assuré que le taillage des dents , l'application des plaques , les soudures, dorures, argentures et le mécanisme même étaient les œuvres de l'exposant.

C'est une bonne chose qu'une bonne mâchoire ; la santé des vieillards dépend souvent d'une bonne mastication ; puis les belles dents sont d'un grand secours à la beauté.

« Pour réparer des ans l'irréparable outrage, »

N'oubliez donc pas de faire une station devant la vitrine de M. Marchand.

Cuirs et Peaux.

L'exposition des cuirs et des peaux tannées était, cette année, fort remarquable. MM. Leroux et Chalmel, de Rennes, Albert Havard, de La Flèche, Roux et Moride, de Nantes, Latouche-Roger fils, d'Avranches, Le Prout-Vérité, du Mans, et autres rivalisaient, par leurs produits, d'une manière intéressante pour le concours.

Parmi les noms que nous venons de citer, il ne s'en rencontre pas un de Laval. Nos négociants tanneurs auraient-ils voulu donner gain de cause à l'*Auxiliaire breton*, quand, dans son numéro du 12 septembre dernier, il faisait cette remarque passablement ironique :

« Nous sommes-nous trompé ? Laval compte-t-il
» beaucoup d'exposants ; c'est ce que nous dirons plus
» tard avec certitude. Pour le moment, bornons-nous
» à constater qu'un Lavallois nous a affirmé que la
» ville avait eu le bon goût de s'effacer et de faire place
» à ses concurrents.—C'est donc quelque chose comme
» le mot de Fontenoy : *Messieurs les gardes Fran-*
» *çaises, tirez ! — Nous ne tirons jamais les*
» *premiers ! »*

Nous nous trompons, un de nos négociants tanneurs, M. Costé, successeur de la maison *Tafforeau*, a pris part à la lutte et a courageusement exposé ses produits à côté de ceux des meilleurs tanneurs des grandes villes voisines. Nous l'en félicitons, car son exposition renfermait tous les articles qui se fabriquent pour la cordonnerie et la carrosserie. Nous avons remarqué ses cuirs lissés, dont la fermeté et la coupe franche et lisse ne laisse rien à désirer sous le rapport de la complète absorption du tannin, qualité essentielle pour la bonne confection et la durée de la chaussure. Ses veaux, croupons et cheval sont d'une grande souplesse, et ses cuirs noirs pour sellerie, d'une confection digne d'être appréciée.

Mais, puisque nous ne présentons ici qu'un seul nom de fabricant-tanneur de Laval, ce genre de commerce est donc, en notre ville, dépourvu d'ouvriers habiles et sérieux ?

A Dieu ne plaise que nous le supposions. Nos maisons de tannerie sont toutes dirigées par des maîtres jeunes, intelligents et partisans du progrès. On peut cependant leur reprocher leur insouciance à l'égard de la réputation de la fabrique de Laval en ce genre de commerce.

N'en déplaise à nos fabricants-tanneurs, nous allons mettre au jour la valeur des tanneries de notre ville.

La tannerie est une des principales industries de notre département, vu le nombre des ouvriers qu'elle occupe et le mouvement des capitaux quelle y opère.

D'abord, disous-le, l'abat de la boucherie à Laval est un des plus beaux abats de France ; il égale presque celui de Paris. L'abat de Bordeaux est bien inférieur, par la raison que les peaux y sont trop affleurées, c'est-à-dire qu'on atteint presque la fleur au dépouillage, ce qui donne sans doute plus de valeur à la viande, mais cause un préjudice notable à la peau.

Comme on le sait, le département de la Mayenne est un pays boisé ; les écorces de nos forêts, surtout de celle de Moncor, près Sainte-Suzanne, qu'emploient les tanneurs de Laval, sont très-estimées pour leurs bonnes qualités et leur blancheur.

De plus, nos fabricants-tanneurs se servent presque tous d'eau de source, qui est préférable à l'eau de rivière.

Il résulte de ce qui précède que la tannerie de Laval et de notre département est supérieure à beaucoup d'autres.

La fabrique de Laval expédie en effet sur Paris, Bordeaux, Nantes, Tours, Orléans, Le Mans et Rennes, et ses expéditions se composent :

1° De bœufs pour baudriers, soit lissés, soit battus ;

bœufs pour cuirs noirs , particulièrement ceux provenant de l'abat d'Evron , dont les peaux sont très-étendues ;

2° Vaches pour lisser , d'une belle étendue , peaux très-aptes à être croupponnées , principalement pour l'armée ;

3° Veaux convenant parfaitement au ciré , et veaux en suif pour bourrellerie ;

4° Cheval propre à être employé avec beaucoup de succès par les vernisseurs , soit pour capotes et tabliers de voitures , soit pour chaussures ; cheval propre à la bourrellerie et aux sabots.

Outre les produits du pays , la fabrique de Laval tire 1° des vaches et des veaux d'Allemagne , peaux , vu leur étendue , qui seraient admirables si les animaux étaient saignés comme le fait la boucherie en France , et non égorgés , c'est-à-dire ayant la tête coupée , car MM. les Juifs s'entêtent à user de ce moyen d'abattre un animal ; dont ils repousseraient la chair comme immonde sans cela ;

2° Des bœufs, vaches et chevaux salés de Buenos-Ayres ; chevaux secs de même provenance, lesquels réussissent parfaitement sur notre place , et sont très-recherchés par les vernisseurs ;

3° Des peaux du Sénégal , des vaches de Calcutta , des bœufs de la Martinique et de toutes les espèces de peaux étrangères importées en France.

Autrefois , les expéditions de peaux étrangères se faisaient par Caen ; elles arrivent aujourd'hui directement du Hâvre par le chemin de fer.

Granville toutefois expédie sur notre place des chevaux et des veaux anglais , très-peu estimés du reste et que nos tanneurs n'achètent que faute de mieux.

Nous devons faire remarquer ici que nos fabricants actuels ne laissent pas *plamer* (séjourner) les peaux dans la chaux pendant six à huit semaines , comme le faisaient leurs devanciers , mais six ou huit jours seu-

lement, et souvent moins en été, avant de les livrer à
la rivière. Le tissu du cuir est moins endommagé, et
les produits sont moins creux.

D'après ce que nous venons de dire, la tannerie de
Laval n'a pas lieu de craindre la concurrence. Pourquoi
s'est-elle donc (un seul fabricant excepté) abstenue d'é-
taler ses produits à notre Exposition ?

S'il nous est permis d'ajouter foi, et tout nous y engage, aux raisons sur lesquelles veut bien s'étayer la
fabrique pour expliquer son *non-vouloir* d'exposer,
voici comment elle croit se tirer du mauvais pas où elle
s'engage, comment elle s'aveugle volontairement et
court vers des écueils où elle laissera plus d'une peau.

« Il nous serait facile, dit-on, à l'exemple des tanneurs étrangers, de choisir pour l'exposition, sur une
ou plusieurs centaines de cuirs, ceux qui auraient le
plus de nature, qui seraient le mieux dépouillés, le
mieux montés, le mieux tannés ; mais que cela prou-
verait-il ? Que tous les cuirs que nous fabriquons sont
de même qualité ? Evidemment non ! »

Cet aveu est honorable, mais il n'apprend rien à
personne et ne prouve pas surtout que la tannerie de
Laval dût en masse s'abstenir d'exposer dans notre
palais de l'Industrie.

On dit ensuite : Quels bénéfices rapportent donc les
médailles ? Ils se comptent en pures pertes.

Il y a ici de la mauvaise humeur. On le niera peut-
être, mais elle perce quand même. Les bénéfices sont
ici réels quoique peu apparents. Une maison médaillée
pour ses produits établit par ce moyen sa réputation ;
le fabricant est aux yeux de tous un homme d'intelligence et de progrès, et ses ouvriers sont accueillis avec
faveur dans les autres fabriques comme de bons et habiles ouvriers.

Mais, ajoute-t-on encore, des exposants lauréats
ont vendu sur notre place leurs produits exposés à 50
centimes au-dessous du prix de revient.

Tant pis pour eux et tant mieux pour les acheteurs. Rien ne force à les imiter , et, si les tanneurs de Laval s'obstinent à ne pas exposer en notre palais , leur abstention connue , une foule d'étrangers accourront chez nous et se plairont à y vendre leurs cuirs à 50 centimes au-dessous du prix de la fabrique de Laval.

Que résultera-t-il de tout cela ?

1º Que la tannerie étrangère, au moyen de notre Exposition , acquerra, dans tous les départements voisins et chez nous, une réputation qui éclipsera celle de la tannerie de notre ville.

2º Que les lauréats étrangers feront sonner à qui mieux mieux leurs médailles aux dépens de la fabrique de Laval.

3º Enfin que MM. les tanneurs s'exposent à se voir couper l'herbe sous le pied jusqu'au seuil de leurs portes.

Si c'est à ce résultat que tend la tannerie de Laval , qu'elle nous permette de ne pas l'en féliciter.

Mégisserie.

La fabrique de mégisserie de Laval tire d'Allemagne ses peaux de chèvres , et d'Ecosse ses peaux de moutons.

Elle fait un commerce considérable de toisons , et ses laines , quoique n'étant pas de première qualité , sont très-estimées à Sédan , Louviers et Elbeuf par les fabricants de draps.

M. Laurent-Crié , tanneur-mégissier , a exposé des manteaux et des fourrures qui ont été fort appréciés.

N. B. Dans le but d'être utile aux horticulteurs et aux tanneurs , nous devons observer ici que l'écorce privée de tanin peut être employée pour les semis ; elle conserve à la terre sa chaleur et chasse les insectes qui détruisent les jeunes plantes. — Elle sert également à dessécher et à enlever l'humidité des prairies trop mouillées , finit elle-même par pourrir et forme un engrais semblable à la terre de bruyère.

Agriculture.

1re CLASSE. — GÉNIE AGRICOLE ET AMENDEMENTS.

L'Exposition de 1857, au point de vue de l'art agricole, a dépassé de beaucoup en importance son aînée de 1852. Son ensemble présentait un tableau des plus remarquables, dont nous allons esquisser rapidement les principaux traits, en suivant l'ordre indiqué par le programme de la Société de l'Industrie.

§ 1er. *Drainage.*

Parler drainage aux agriculteurs, c'est leur rappeler une amélioration foncière de la plus haute importance pour eux. Aussi savent-ils parfaitement apprécier aujourd'hui les avantages d'une pareille opération. Divers plans de drainage et d'irrigation d'un grand mérite étaient exposés dans les galeries de l'Exposition.

Leurs auteurs étaient :

MM. Déligeon, conducteur des ponts et chaussées à Laval ;

Cerizay, entrepreneur de drainage à Laval ;

et Bordillon, propriétaire agriculteur au Lion-d'Angers.

Il ne nous appartient pas de juger la valeur respective de chacun de ces plans ; nous nous bornerons à dire qu'ils ont été justement appréciés.

Le drainage est, dans son ensemble, une opération coûteuse, qu'il ne faut pas manquer si l'on veut en obtenir tout l'effet possible ; car il ne suffit pas d'égouter le sol, il faut rendre encore utile à l'agriculture, par l'irrigation, les eaux découlant des drains collecteurs. Ces eaux, chargées des gaz fertilisants qui s'y introduisent avec elles par l'absorption, ou qui se chargent de tous les purins des cours ou des étables sous lesquels on a pu les faire passer, produisent des effets surprenants sur les prairies qu'elles irriguent et qui ont été disposées pour les recevoir. On voit donc combien il importe de ne pas confier à de simples manouvriers les travaux d'ensemble que ces opérations nécessitent, mais d'y appeler, au contraire, des hommes spéciaux comme ceux que nous venons de citer.

§ 2. *Amendements et engrais.*

Nous entendons, sous ces dénominations, toutes les matières destinées à donner aux sols les parties minérales ou azotées dont ils pourraient manquer et dont le but est de venir en aide à la pénurie des engrais d'étable, ou d'augmenter l'action favorable de ces derniers sur les récoltes.

Six exposants offraient aux amateurs dans cette série :

1º Des chairs musculaires et des os pulvérisés ;
2º Des noirs animalisés et des poudrettes ;
3º Des guanos artificiels et des charbons d'os ;
4º Des noirs animalisés et des matières fécales mélangées de sang et de chair réduite ayant la tourbe pour absorbant.

De nombreux certificats, provenant de propriétaires et de cultivateurs, attestaient la vertu plus ou moins éprouvée de ces divers amendements. Nous dirons qu'ils sont d'un grand secours pour la facilité de leur transport aux fermes situées loin des grands centres de population, ou privées de chemins facilement exploitables.

Nous conseillerons aux agriculteurs d'essayer ces engrais avant d'en acheter de fortes quantités. Le meilleur moyen de les éprouver consisterait, autant que possible, à les placer sur des terre de landes récemment défrichées et n'ayant encore reçu aucun atôme d'engrais quelconque. On ensemencerait une partie du terrain sans y mettre d'amendement ; l'autre partie, au contraire, en serait pourvue à la dose indiquée par les fabricants. De cette manière on s'assurerait d'une façon bien positive de la valeur de l'engrais employé.

2ᵉ CLASSE. — MATÉRIEL AGRICOLE.

§ 1ᵉʳ. *Machines à battre, à manège et à vapeur.*

Dans cette série, 39 ou 40 machines, dues à 17 exposants, s'offraient à la curiosité et à l'admiration des visiteurs.

Pour les machines à vapeur à battre les grains, nous citerons

MM. Paul Renaut et Adolphe Lotz, de Nantes,
    Lotz aîné, de la même ville,
    et Pineau, mécanicien à Laval.

Ces machines, convenables surtout pour la grande culture, étaient d'une exécution remarquable. La locomobile à vapeur de MM. Lotz et Renaut, dont la destination peut s'appliquer à nombre d'industries, a frappé MM. les ingénieurs faisant partie du jury par sa promptitude et la régularité de son action.

Pour les machines à battre à manège, nous signalerons ;

1º Celle à manège par terre, avec arbre de couche articulé, de M. Bodin, l'habile directeur de la Ferme-Ecole des Trois-Croix, près Rennes. Cette machine, au dire des ingénieurs-mécaniciens qui l'ont examinée avec le plus grand soin, n'offre aucun des dangers de rupture dont la plupart des autres sont susceptibles, et ses rouages sont recouverts d'une boîte en bois qui donne toute sécurité aux ouvriers qui la manœuvrent.

2º La machine à manège direct, de M. Lotz aîné, si connue des entrepreneurs de battage ;

3º La machine portative mixte de MM. Lotz et Renaud,

4º Les deux machines à manège par terre de M. Daudin, de Loiron ;

5º Celles du même modèle de M. Gontier, d'Avenières ;

6º Celle de M. Barada, de Château-Gontier, battant bien, mais d'une construction fort négligée, quant à celle présentée ;

7° Enfin la machine à battre les grains et la graine de
   trèfle de M. Pineau, de Laval.

Le nombre de ces machines et de leurs constructeurs donne une idée du développement qu'a pris, sous
ce rapport, l'industrie agricole dans la Mayenne. Le
grand nombre de machines vendues à nos agriculteurs
démontre encore la richesse de notre pays, en céréales
de toutes sortes.

§ 2. *Matériel agricole proprement dit.*

Charrues, Herses, Semoirs, etc.

Dans cette série, nous nous bornerons à citer les instruments construits dans les fabriques.

1° De M. Bodin, de Rennes, instruments dont la valeur pratique et le bon marché sont depuis long-
   temps appréciés de tous les cultivateurs progressifs ;

2° Ceux de M. Letessier dit Pays, de Laval, en grande
   partie fabriqués sur les modèles de M Bodin, sont
   une déchaumeuse, pouvant labourer à des profon-
   deurs diverses, qui serait d'un grand emploi, n'é
   tait son prix trop élevé (155 fr.) en raison de l'ouvrage qu'elle est appelée à faire. M. Letessier aurait
   avantage, croyons-nous, à la remettre à son ancien
   prix (100 fr.) ;

3° Enfin, la collection des outils provenant du dépôt
   de M. Ganneron, de Paris, contenant l'araire et le
   bi-soc de Grignon, des araires anglais, et la herse
   en fer en zigzag, de Howard, pouvant servir aux
   sillons comme aux planches. Bon nombre des instruments de ces divers exposants ont été vendus sur
   place, au cours de l'Exposition, et de nouvelles
   demandes sont adressées journellement aux fabricants ou à leurs représentants dans le pays.

M. Pinet, d'Abilly (Indre-et-Loire), et M. Passedoit,
de Saumur, avaient exposé deux manèges, identiques
dans leur action, destinés à faire mouvoir tout le matériel employé dans une ferme. Les manèges, surtout

celui de M. Pinet, qui, si notre mémoire ne nous trompe
pas, avait une certaine analogie avec un manège Duvoir,
que nous avons vu à Paris, ont été fort admirés en raison de leur marche vive et facile. Mais l'ensemble de
cet outillage ne s'appliquera jamais dans nos pays de
culture moyenne. On a pu les remarquer comme objets
de curiosité, mais la valeur pratique n'en sera pas es-
sayée sur des fermes.

Semoirs.

On a remarqué aussi deux semoirs à céréales, pré-
sentés, l'un par M. Bodin, de Rennes, pour semer sur
planche, l'autre par M. Pouteau, curé de St-Berthevin
près Laval, pour semer sur planches ou sillons à volonté. Celui de M. Bodin espace les lignes à 30 centimètres, ce qui permet de biner facilement entre les
rangs ; celui de M. Pouteau n'espace les lignes que de
10 centimètres, ce qui doit rendre le nettoyage du sol
difficile, autrement qu'à la main. Nous ne pensons pas
que ces semoirs aient beaucoup de chance d'être admis
dans nos cultures, vu la nécessité des nombreux bi-
nages qu'ils exigent. Nous le regrettons, car ils écono-
misent beaucoup la semence, tout en augmentant les
rendements. Mais tout surcroit de main d'œuvre est un
effroi pour nos cultivateurs.

Tarares.

Un assez grand nombre de tarares figuraient à l'Exposition. Tout dénotait dans leurs constructeurs un
grand désir d'arriver à la perfection, tont en restant
dans les termes du bon marché. Celui de MM. Lotz et
Renaut est fort bien établi, mais 75 fr. est un prix un
peu élevé pour nos fermiers.

Trieur-Pernolet.

Ce trieur est d'une construction solide et très-soignée.
Il nettoie bien les grains, quoiqu'il n'enlève pas tout ce
qui nuit à la semence. Mais son action est si lente qu'il

ne semble pas économique d'emploi. Nous désirons nous tromper, dans l'intérêt de l'inventeur, comme dans celui du public agricole.

Concours de charrues.

Nous croyons devoir relater ici le concours de charrues qui a eu lieu dans les champs de la Grignonnière, en Grenoux. Le programme admettait tous les instruments de labourage anciens et nouveaux. Cependant il est à remarquer qu'aucun des instruments habituels du pays n'a été présenté sur le champ du concours. C'est bien là, ce nous semble, un aveu tacite de leur infériorité.

Onze araires avec ou sans avant-train ont seuls pris part à la lutte ; de l'aveu général, l'avantage est demeuré aux charrues sans avant-train. Tous les labours ont été faits en planches. Est-ce-à-dire que nos cultivateurs et nos propriétaires, qui ont admiré la bonté et la facilité de ces labours, s'empresseront d'en adopter les moteurs. Nous ne l'espérons pas, car l'esprit de résistance à tout ce qui est nouveau subsiste encore trop fortement dans notre pays, malgré d'incontestables progrès et le bon exemple donné par un certain nombre de fermiers souvent récompensés par notre comice. Dans ce concours, un homme seul, avec deux ou trois animaux au plus, devait manœuvrer sa charrue et diriger son attelage. On peut assurer sans crainte que tous les laboureurs primés ont accompli leur tâche avec une rare perfection.

3e CLASSE. — CULTURES DIVERSES.

Produits.

M. Chamaret, président de la Société de l'Industrie, a réuni une collection, en gerbes et en grains, des froments de tous les pays. Elle a paru assez remarquable aux membres du jury pour qu'ils aient voulu lui décerner une médaille d'or que M. Chamaret a cru devoir refuser.

M. Chamaret a créé un précédent fort utile dans l'intérêt de nos contrées vouées à la culture des céréales.

MM. Collet-Chouanière, de Laval, Trippier-Laubrière, de Saint-Mars-la-Futaie, avaient présenté une nombreuse collection de racines et de céréales fort remarquables.

Des échantillons de très-beaux lins étaient adressés à l'Exposition par MM. Delière, de Montenay, Guilleux, de Larchamp, et Linais, de St-Pierre-des-Landes.

Cette culture a acquis une haute importance dans le canton d'Ernée, arrondissement de Mayenne.

4ᵉ CLASSE. — CONCOURS D'ANIMAUX REPRODUCTEURS.

Ce concours, moins nombreux que les déclarations faites à l'avance ne l'avaient fait espérer, a été contrarié par le mauvais temps, et aussi, nous le croyons, par la crainte d'exposer des animaux de prix aux chances d'un long trajet.

Néanmoins, l'exhibition a offert des sujets rares et distingués, soit pur-sang, soit métis plus ou moins avancés.

Sur dix taureaux, deux seulement étaient indigènes ; les huit autres étaient Durham pur ou Durham manseaux. Leurs formes, leurs maniements, comme bêtes de boucherie, n'offraient pas de prise à la critique.

La race ovine était représentée par des pur sang Dislhey, Neuwkent et Saoutdouw ou leurs dérivés. Cette catégorie dénotait un progrès incontestable. Quant à l'espèce porcine, sauf une truie New-Leicester, parfaite de formes, deux autres quelque peu dégénérées de la même race, rien de remarquable n'a été signalé ; tous les sujets étaient des animaux du pays d'un choix peu judicieux.

Disons ici qu'en dépit des résistances et du mauvais vouloir des fermiers et même de beaucoup de propriétaires, les animaux précoces de boucherie, qui sont une nécessité de l'époque, finiront par s'ancrer dans nos pays d'élevage. Déjà nos bœufs manseaux se vendent à 4 ans pour l'herbage. Les éleveurs de la Mayenne finiront par comprendre qu'il importe aux besoins de leur culture et de leurs bourses de vendre leurs animaux gras de 3 à 4 ans au plus ; partant, ils sentiront qu'ils doivent laisser téter leurs veaux pendant quatre mois, comme l'exigent les règlements de nos comices ruraux ; de ne conserver que des sujets annonçant des qualités de boucherie ; de les nourrir fortement, dès le sevrage, pour les livrer de bonne heure à la boucherie. Les chevaux, et au besoin deux bœufs de travail, suffiront aux nécessités de la culture et des transports.

Les nourrisseurs ne doivent plus avoir égard à la seule convenance des bouchers ; ce qu'ils doivent rechercher avant tout, c'est de satisfaire de plus en plus aux besoins de la consommation générale. Ainsi le veulent les lois de l'humanité et de l'économie sociale bien entendues.

Huileries, fromageries, etc.

Nous ne dirons rien des fromageries qui ont trop peu d'importance chez nous. Celle des Pères de la Trappe du *Port-du-Salut*, près Laval, fait du reste depuis long-temps les délices des voyageurs qui visitent leur communauté La pâte est d'un goût très-fin. Des gourmets ne craignent pas d'avouer qu'ils aiment à faire un voyage au *Port-du-Salut*, uniquement pour commettre le péché de friandise auquel les excitent le fromage et le beurre des PP. Trappistes.

Mais il nous paraît utile de signaler une huilerie établie à Ernée par MM. Godeau père et fils. Montée sur un excellent pied et sur une échelle assez étendue, cette culture incite à la culture des plantes oléagineuses dont les tourteaux sont si utiles à la nourriture des animaux et à l'engrais des terres. Le tourteau de colza, notamment, a l'extrême avantage de procurer ce double emploi. C'est lui qui, dans la plaine de Caen, contribue pour une grande part à la fumure des terres qui produisent cette plante en grandes quantites. Félicitons MM. Godeau de l'initiative qu'ils ont prise ; ils ont rendu service à leur pays.

En terminant ce court résumé, nous dirons, avec un juste orgueil pour notre ville :

Peu d'expositions départementales ont offert un ensemble aussi complet et mieux distribué. Les industriels étrangers, nous devons le constater, aiment le département de la Mayenne. Notre accueil les a charmés, et c'est avec autant de sincérité que d'entrain qu'ils se sont donné rendez-vous à notre Exposition prochaine.

Tous, sans doute, n'ont pas été satisfaits des résultats du concours en ce qui les concerne, mais aucun d'eux, que nous sachions, n'a songé à accuser de partialité ou de mauvais vouloir les différents jurys qui ont fonctionné.

Horticulture.

Les étrangers, non moins que les habitants de Laval, ont tous exprimé en termes laudatifs leur étonnement à la vue de l'Exposition de l'Horticulture, qui occupait, en dehors du Palais de l'Industrie, une rue entière ou plutôt un large chemin métamorphosé en square, couvert et éclairé, à l'une de ses extrémités, par des tableaux gothiques et renaissance peints sur toile fine et imitant des vitraux. Des allées, capricieusement dessinées, permettaient à la foule de circuler autour des massifs de plantes indiquant une floriculture très-avancée, des collections remarquables d'arbustes appartenant à des climats divers, des fruits tentateurs d'arbres dépouillés complètement de leurs feuilles, des plantes de serres chaudes, des légumes de la race la plus naine jusqu'à la plus monstrueuse, et des fleurs de toutes les espèces cultivées en pleine terre.

« Comme la musique, a dit un écrivain connu de nos

lecteurs, les fleurs s'accommodent aux douces et bonnes pensées ; et nous croyons qu'on peut dire , sans se compromettre qu'elles sont un moyen améliorateur. »

A Dieu ne plaise que nous nous permettions de contredire la sentimentale expression de l'écrivain que nous ne nommons pas. Seulement nous dirons que nous ne nous rendons pas compte du motif qui lui a fait admettre comme moyen améliorateur de la race humaine les collections de plantes de n'importe quelle nuance , quand il néglige d'attribuer une influence semblable aux collections de fruits de n'importe quelles variétés

Cependant , d'un côté comme de l'autre , le moyen améliorateur de la race humaine est, par le sexe surtout, apprécié de la même manière. Les dames honoraient de leurs visites avec autant de plaisir , pour ne pas dire plus , les deux cents variétés de fruits exposées par le *Comice agricole de Maine et Loire* que les fleurs au moyen desquelles nos habiles jardiniers essayaient de leur faire tourner la tête.

Nous en convenons , les fleurs attiraient les regards des dames , mais les fruits , les légumes (choux-cabus , laitues et chicorées , melons , concombres et potirons , betteraves et carottes, pommes de terre, tomates, aubergines , piments de la ferme-école du Camp près Laval) ; mais les magnifiques cucurbitacées se roulant sur elles-mêmes à l'instar des serpents , avaient bien leur mérite à leurs yeux, et il n'est personne qui les dédaignât à l'occasion.

Comme le temps nous presse et que nous serions désolé de nous inscrire en faux contre l'opinion d'un galant homme qui considère les fleurs comme moyen d'améliorer la race humaine , nous laissons de côté les superbes arbres fruitiers (poiriers , quenouilles , pêchers , abricotiers , amandiers, cerisiers) des pepinières de M. Lefèvre, de Sablé , et ceux à hautes et à basses tiges de MM. Mottier et Rabouin de Laval, pour ne nous occuper que de la magnifique exposition des plantes et fleurs de ce dernier.

Elle se composait de :

1º Une collection de Conifères, parmi lesquels nous avons particulièrement remarqué ceux-ci : *Pinus* lambertiana, ponderosa, coulterii, excelsa, sabiniana ; — *Cupressus* lausoniana, cornegiana, majestica ; — *Juniperus* macrocarpa, excelsa ; — *Picea* nobilis, Nordmaniana ; — *Abiès* morinda, Douglasii, Cilicica, Pin-Sapo ; — *Cedrus* deodora, Deodora robusta, Deodora viridis ;—*Thuyopsis* boréal ;— *Biota* aurea ; — *Thuya* gigantea ; — *Cephalotacus* fortunei ; — *Libocedrus* meldensia, Chilemis ; — *Saxe-Gothæa* conspicua ; — *Wellingtonia* ou *Sequoia* gigantea.

2º Une collection de 60 *Verveines*, dont quelques unes avaient 125 ombelles de fleurs.

3º Une collection de *Fuchsias*, dont voici quelques noms : Virgo Maria ; — Coronata flore pleno ; — Imperialis flore pleno ; — Flavescens superba ; — Roi des blancs ; — Galantiflora pleno ;—Vénus de Médicis.

4º Quinze belles plantes de Lantanas, riches de couleur.

5º Des plantes variées : Clerodendrum Bungii ; — Cassia floribunda ; — Eritrina Belangerii, Cottijana ; — Véronique meldensia defossiana.

6º Six Poiriers pyramides, quelques-uns avec leurs fruits.

7º Sept Poiriers en palmettes.

8º Des Pommiers nains en cordon, quelques-uns chargés de fruits.

9º Une collection de cinquante espèces de poires et de pommes.

10º Des Dahlias et des Roses coupés et étalés sur un tapis de mousse.

11º Des Dioscoreas batatas ou Ignames de la Chine.

Rien du reste de plus élégant et de plus gracieux que ces plantes, et ce n'est pas sans étonnement que nous avons entendu dire que ces conifères n'étaient pas le produit de l'habileté et du travail de M. Rabouin. C'est une erreur. On peut s'en convaincre en visitant ses jardins du Pré du Lieutenant et de la Fleurière, où chacun a pu et peut encore les admirer et où , nous-même , nous l'avons vu leur prodiguer ses soins.

M. GEORGET aîné , horticulteur à Laval.

Il a exposé :

1° Une COLLECTION DE PLANTES ORNEMENTALES , connues sous le nom de *Canna Indica* , parmi lesquelles nous avons distingué les variétés suivantes , particulièrement remarquables dans l'espèce : le *Nepaulensis* à feuilles taillées en fer de lance , longues d'un mètre sur 50 centimètres de largeur , bordées de blanc ; le *Warskewinski* , à fleurs zébrées de rouge , bordées de blanc ; le *Liliflorus* , à fleurs imitant celles du lys ; l'*Edichium* , à tiges de roseau , portant des fleurs en forme d'aigrettes jaunes et rouges , d'une suave odeur , laissant s'échapper un bouquet d'étamines semblables à une nuée de papillons ; le *Caladium* , à fleurs de deux mètres de circonférence.

Ces plantes n'exigent pas d'autre culture que celle des dahlias.

2° Une COLLECTION DE MARENTAS , plantes d'une grande beauté , au feuillage panaché et de nuances variées. Espèces : *Alba lineata* , *lumacea* , *rubra lineata* , *sanguinea* , *vittata prinyum* , *warsiewiczii* , *zebrina* , *zona*. — Collection de *Begonias* composée de plus de vingt variétés.

3° Une COLLECTION DE FOUGÈRES exotiques , plantes du plus riche effet. Cette exposition de fougères était fort remarquable ; elle se composait de soixante variétés , DIX de plus que celle qui a obtenu à l'Exposition universelle de Paris la médaille d'or.

Qui s'étonnerait après cela que M. Thibault-Keteleer et M. Gontier , horticulteurs renommés de Paris , se soient senti assez de noblesse dans l'âme pour ne pas reculer devant cet aveu que depuis long-temps ils n'avaient rencontré une collection de fougères dans un aussi bel état de végétation.

4° Une COLLECTION D'ACHIMÈNES, de GLOXINIAS à fleurs droites, entre autres : le *leoniven-août*, d'un beau rose avec un anneau blanc à l'intérieur; le *Filiana*, d'un bleu charmant avec un anneau blanc; le *comte de Talleyrand*, d'un rouge écarlate avec un anneau blanc rosée. — *Tydea*, plante nouvellement introduite dans le commerce, à feuillage zébré, fleurs de toute beauté, pictées de différentes nuances.

5° Une COLLECTION de pétunias, héliotropes, fuchsias, géraniums et verveines, entre autres la *verveine-Montbrillland*, nouveauté à fleurs jaunes.

6° Une COLLECTION de 80 variétés de conifères, tous de pleine terre.

Ces riches collections de plantes ont fait, à ce qu'il paraît, mal aux yeux à certaines personnes de la part desquelles on était en droit d'attendre, sinon de la bienveillance, au moins une sorte de générosité de convenance.

Nos horticulteurs, a-t-on dit de ce ton de sabreur qui ne doute de rien et veut casser tout, nos horticulteurs ne pourront même gagner leur pain s'ils veulent continuer de se livrer à la culture des plantes de serres chaudes et de salons.

Il serait curieux de savoir si nos horticulteurs sont allés faire entendre leurs plaintes à cet égard à Angers, au Mans, à Alençon.

Mais la culture de ces plantes est donc bien coûteuse?

Pas tout à fait, répond-on ; avec de l'eau de fumier on peut obtenir des plantes du genre du *canna Indica* aussi belles que celles exposées par M. Georget. Quant aux achimènes, aux gloxinias, aux thydeas, il n'est besoin que d'un peu de chaleur humide.

Ce n'est que cela? Oh alors, nous sommes parfaitement rassurés sur le sort de nos horticulteurs ; ils ne manqueront pas de pain de sitôt.

Mais je crains bien qu'il faille plus que cela pour élever des plantes commerciales, c'est-à-dire savoir avant tout les élever, science ignorée bien souvent des amateurs, dont les serres seraient bientôt veuves des magnifiques collections de fleurs qu'elles possèdent si des jardiniers de profession n'entretenaient, par leurs soins et leurs études, leurs riches et perpétuelles beautés.

Production et emploi économique de la chaleur et de la lumière.

419. — M. Boutin-Samson, de Saumur, a fait subir au *brûloir à café* ordinaire un perfectionnement qui n'est pas sans importance. Il a pour but de restituer au café soumis à la torréfaction tout l'arôme qu'il perd en grande partie pendant cette opération.

Ce perfectionnement consiste tout simplement en ce que ses brûloirs sont traversés par un axe creux, à l'extrémité duquel, et hors du fourneau, est un réservoir cylindrique qu'on emplit de café préalablement torréfié. La partie de l'axe qui est dans le brûloir est percée de petits trous qui donnent une issue aux produits pyrogénés aromatiques, qui se dégagent pendant la torréfaction et viennent, en suivant l'axe tubulaire, se condenser sur le café froid du réservoir.

Carbonisation de la tourbe.

426. — M. Hovius, de Saint-Malo, a exposé de la *tourbe* et des *charbons de tourbe*. Ce combustible, que son bas prix rendra très-utile dans beaucoup de circonstances, peut être substitué au bois dont la valeur augmente de plus en plus.

Pour fixer notre opinion sur la tourbe de M. Hovius, nous avons dû recourir à la complaisance d'un de nos amis, habile chimiste, qui en a bien voulu faire l'analyse, et, vérification opérée, — quoique tardive sans doute , — il nous est permis d'assurer que la tourbe de M. Hovius présente tous les caractères physiques et chimiques d'une excellente qualité. Elle est presque entièrement formée d'acide ulmique combiné à une faible quantité de chaux. La pression à laquelle elle a été soumise lui a donné une densité presque égale à celle du bois ; elle brûle bien ; le charbon qui en provient chauffe assez fortement ; cependant son pouvoir rayonnant est un peu plus faible que celui du charbon de bois ; mais , malgré cette petite infériorité , nous ne doutons nullement qu'on ne la préfère dans beaucoup d'emplois.

Nous regrettons sincèrement que la Sarthe n'ait pas envoyé à notre Exposition des produits de ses tourbières. Les industriels de Parigné-l'Evêque , de Mayet , de Ponvallain , de Ruaudin, de Saint-Ouen et de Laigné-en-Belin, de la Vallée des Cartes , et surtout MM. Marcellin et Marcel Vétillard auraient-ils dû nous priver du bénéfice que nous apporterait la connaissance et l'appréciation de la tourbe extraite, par exemple, des tranchées ouvertes depuis 1854 dans les landes du domaine des Hunaudières, commune de Mulsannes ?

Ce commerce , fort important pour la classe indigente , n'est point connu dans la Mayenne.

Cependant, depuis 1777, on crie contre le gaspillage et la diminution progressive du bois ; ce gaspillage , il est vrai , s'est trouvé restreint par l'emploi du charbon de terre qui , ainsi que la tourbe, était inconnu dans la Sarthe et la Mayenne il y a à peine un demi-siècle.

La statistique du Maine , ébauchée par un intendant de Tours en 1697 , la carte du diocèse du Mans , par Jaillot , en 1705 , le chanoine Le Paige dans ses écrits n'en font en effet aucune mention et ne semblent pas se douter que sous leurs pieds gisait un charbon minéral qui peut , pour le pauvre , suppléer à la rareté et à la cherté du bois.

Il eût donc été fort utile que la Sarthe nous mît sous les yeux les produits de ses tourbières. En les analysant, nous aurions peut-être rendu de grands services à leurs propriétaires , et aussi , ce qui vaut mieux encore , aux personnes que leur position de fortune met dans la nécessité d'abandonner le bois à cause de sa cherté , et d'utiliser la matière combustible des tourbières.

Bougies stéariques.

MM. Allard et Micault, Granger, Geneslay , Pellier, de Laval, Bernard, de Rennes , et Belhommet , frères , de Landerneau (Finistère), ont exposé des *cierges, bougies* et *chandelles* de leur confection.

Ces objets semblaient tous d'une grande pureté de matière et d'un mode de fabrication qui n'est pas sans influence quant au jugement à porter sur leur qualité.

Cependant, malgré la beauté de confection et la pureté plus ou moins grande des matières employées , on ne saurait présumer du pouvoir éclairant des bougies sorties de telles ou telles fabrications sans les soumettre à des expériences comparatives.

Nous n'avons point ici à nous occuper des moyens employés par le jury pour atteindre le but dont il s'agit, mais nous croyons qu'il n'est pas inutile d'indiquer à ceux qui voudraient en user un moyen fort simple de mesurer l'intensité relative de différentes lumières.

Ce serait :

1º De placer sur une table , à distance d'environ un mètre l'une de l'autre , les deux bougies à comparer ;

2º De poser horizontalement , au milieu de l'espace qui les sépare , une feuille de papier blanc sur laquelle se dresserait perpendiculairement une baguette de bois.

Si les deux lumières ont le même éclat , les deux ombres produites par la baguette auront la même teinte.

Mais si l'une des ombres est plus foncée, alors on rapproche de la baguette la bougie qui donne une teinte moins prononcée jusqu'à ce qu'on ait obtenu la même teinte exactement dans les deux ombres. Il est clair que la bougie la plus éloignée de la baguette est la plus lumineuse.

Mines d'Anthracite.

L'Exposition de Laval en 1857 a fait connaître d'une façon aussi grandiose qu'intéressante une partie des richesses que renferme le terrain de la Mayenne, ici terrain primitif, là terrain de transition ou silurien supérieur, ailleurs tertiaire, etc.

A côté des marbres, des schistes ardoisiers, de fragments de granit est venu se placer le charbon minéral (anthracite) extrait des mines exploitées par puits et galeries, par les sociétés dites

La Société anonyme des mines de charbon minéral de la Mayenne et de la Sarthe ;—Directeur, M. Charles Hubert, à Laval ;

La Société de St-Pierre-la-Cour ;— Directeur, M. Piednoir, à Laval ;

La Société des Mines de Montigné. — Directeur, M. Bignon, représenté à Laval par M. Léon Moreau.

Depuis la formation de ces sociétés, l'agriculture, en nos contrées, est sortie de son engourdissement ; le produit des céréales a triplé. Qui en douterait? En voici la preuve incontestable.

Les charbons, qui venaient autrefois par Angers, coûtaient beaucoup plus cher que ceux du pays. On les prenait à Montjean, près d'Ancenis, et les transports par eau étaient fort coûteux ; car il ne suffisait pas de les rendre à Laval, il fallait encore les reprendre sur les ports et les conduire aux fours.

A cette époque, la chaux valait, à Saint-Berthevin, onze francs les quatre hectolitres (pipe) ; la fabrication de la chaux était peu étendue comparativement à ce qu'elle est devenue, et, s'il fallait aujourd'hui faire venir d'Augers le charbon qui est nécessaire pour fabriquer toute la chaux faite en notre Mayenne, cela deviendrait impossible. En effet, il est consommé de nos jours un million d'hectolitres de charbon provenant des mines de notre pays, soit cinq mille fournitures, que les mines de la basse Loire seraient dans l'impossibilité de fournir. Mais ce n'est pas tout ; alors même qu'elles pourraient les expédier, il leur serait impossible de les faire transporter jusqu'à Laval. Un bateau d'Angers porte au plus cinq fournitures, et fait, dans les saisons les plus favorables, un voyage par mois. Or, la Mayenne n'est navigable que sept mois chaque année, et, si on en déduit un mois pour les grandes eaux et les glaces, il n'en reste plus que six ; c'est donc six voyages à cinq fournitures, soit trente fournitures transportables par chaque bateau. Il n'existe qu'un très-petit nombre de bateaux desservant notre rivière, dix au plus ; il n'arriverait donc à Laval qu'environ trois cents fournitures de charbon en tout, c'est-à-dire moitié de la quantité nécessaire à un seul chaufournier, M. Gerbault, par exemple. Comment s'y seraient pris les autres chaufourniers pour s'approvisionner, avant l'arrivée chez nous d'une voie de fer ? Nous l'ignorons ?

Qu'on ne croie pas que créer une marine pour ce service eût été chose facile ; il eût fallu deux cents bateaux qui auraient coûté un million, et personne n'eût voulu se charger de cette dépense, qui eût été faite en pure perte, si comme cela est arrivé, du charbon venait à être découvert dans notre pays.

Il existe dans la Mayenne deux cent soixante-douze fours à chaux, qui consomment plus d'un million d'hectolitres de charbon chaque année.

Les premiers fours à chaux ont été construits à Saint-Berthevin, la Cropte, Grez-en-Bouère et Changé.

Il est inutile de faire ressortir ce fait que, depuis leur découverte dans notre pays, les mines ont consommé plus de capitaux qu'elles n'ont produit de bénéfices ; combien les propriétaires, qui tous depuis ont doublé leurs revenus , doivent se féliciter qu'un petit nombre d'hommes aient été assez hardis et assez dévoués pour exposer leur fortune dans de semblables entreprises, et aient procuré ainsi à leurs concitoyens les moyens de s'enrichir ainsi que le pays. On devrait, ce semble, se montrer reconnaissant de leurs hardis efforts et désirer qu'ils retirent le fruit de leur labeur, au lieu de s'acharner contre eux, puisqu'à eux seuls est due la prospérité de l'agriculture et du pays, la plus-value des propriétés.

Nous donnons ci-dessous les dates des concessions des mines de Sarthe et Mayenne.

Concession de Monfrou à Auvers-le-Hamon , accordée en 1822 ;
Concession de Sablé , accordée en 1822 ;
Concession de la Bazouge-de-Chemeré , accordée en 1825 ;
Concession de Gomer à St-Brice , accordée en 1825 ;
Concession de l'Huisserie, en 1832 ;
Concession de la Baconnière , en 1834 ;
Concession de Poillé , en 1841 ;
Concession d'Epineux-le-Séguin , en 1835 ;
Concession de Viré , en 1835 ;
Concession de Solesmes, en 1841 ;
Concession de Bazougers , vers 1840 ;
Concession de Brûlon , en 1844 ;
Concession de Ballée , vers la même époque ;
Concession de Varennes , en 1822.

Sur ces 14 concessions, dont sept se trouvent dans la Sarthe et sept dans la Mayenne , cinq sont aujourd'hui en exploitation , savoir: deux dans la Sarthe , Monfrou et Sablé ; trois dans la Mayenne , la Bazouge , la Baconnière et l'Huisserie. Des recherches infructueuses dans toutes les autres, qui n'ont jusqu'à ce jour donné que des pertes considérables , ont été suspendues mo-

mentanément par suite d'autorisations données par l'ad
ministration.

La profondeur des puits atteint aujourd'hui 500 *mè
tres* sur quatre des concessions exploitées ;

Le nombre des ouvriers travaillant *dans les mines
mêmes* de la Société anonyme des mines de Sarthe et
Mayenne est de douze cents, sans compter les ouvriers
du dehors.

La Compagnie emploie tous les mois cent vingt mille
francs pour payer les ouvriers et pour tenir en exploitation cinq concessions seulement.

Le matériel est composé de vingt-quatre machines à
vapeur, composant une force de sept cents chevaux,
brûlant soixante mille hectolitres de charbons étrangers,
qui coûtent deux cent quarante mille francs, et quatre-
vingt-dix mille hectolitres de charbons des établissements, qui reviennent à cent quatre-vingt mille francs,
ce qui produit une dépense totale, en combustibles, de
quatre cent vingt mille francs.

A ces 14 concessions il faut ajouter :

La concession de St-Pierre-la-Cour, accordée en
1852 ;

La concession de Montigné, accordée en 1857 ;

Qui n'appartiennent point à la Société Anonyme des
mines de Sarthe et Mayenne, et contribuent, pour leur
part, à alimenter d'anthracite les fours à chaux du pays,
et à nous exempter du tribut qu'il nous fallait autrefois
payer aux départements limitrophes.

Spath appelé Cristal d'Islande.

Le catalogue de la Société de l'Industrie avait annoncé, sous le n° 182, du *Spath d'Islande*, provenant
de l'une des carrières de la Société des Mines de charbon minéral de la Mayenne et de la Sarthe.

Nous avons inutilement cherché ce spath dans nos
galeries ; il a complètement échappé à nos recherches.

Cependant, il n'était pas à dédaigner de le faire apprécier par le jury , dont le rapport eût sans doute ému et attiré sur notre Mayenne l'attention de l'Académie des Sciences de Paris.

C'est donc un malheur que ce Spath n'ait point été exposé , et ce malheur est la conséquence du peu de connaissance en minéralogie des ouvriers de la carrière en question.

Pour que cela ne se renouvelle plus , nous croyons devoir, dans l'intérêt de la science et de ceux qui exploitent des carrières , dire quelques mots sur le Spath d'Islande.

« On a donné au spath calcaire , dit Buffon , le nom de CRISTAL D'ISLANDE , parce qu'il y en a des morceaux qui , quand ils sont polis , ont autant de transparence que le cristal de roche , et que c'est en Islande qu'il s'en est trouvé en plus grande quantité.

» C'est sur ce spath transparent qu'Erasme Bartholin a observé le premier (1669) la double réfraction de la lumière , et, peu de temps après, Huygens a reconnu le même effet dans le cristal de roche , dont la double réfraction est *beaucoup moins apparente* que celle du cristal d'Islande. »

De plus , ajoute Buffon , « dans quelque sens que l'on regarde les objets à travers le cristal d'Islande , ils paraîtront toujours doubles , tandis que dans le cristal de roche il n'y a *qu'un sens* où la double réfraction a lieu. »

Dans les *instructions pratiques sur l'observation et la mesure des propriétés optiques appelées rotatoires* , publiées par M. Biot , membre de l'Institut de France , en 1845, nous lisons, à l'article III , *Prisme biréfringent* : « Des opticiens auxquels on avait demandé des appareils de ce genre , ayant éprouvé de la difficulté à se procurer du spath d'Islande , ont cherché à le remplacer par des prismes de cristal de roche taillés parallèlement et perpendiculairement à l'axe des aiguilles , de manière à se compenser achromatiquement. Mais cette *substitution est très-vicieuse*, parce qu'on ne parvient jamais à tailler et combiner des prismes cristalisés dans des directions telles qu'il n'en résulte rigoureusement que deux images finales. »

En 1846, *la Société d'Encouragement pour l'Industrie nationale*, fondée en 1802, et reconnue comme établissement d'utilité publique par ordonnance royale du 21 avril 1824, publiait, avec planches, une description du nouveau saccharimètre du célèbre opticien, M. Soleil, de Paris.

Dans ce document scientifique on lit ce qui suit :

« Tous les cristaux, naturels ou artificiels, appartenant à des systèmes cristallins autres que le cube ou l'octaèdre régulier, jouissent de la propriété de séparer en deux un rayon de lumière qui les traverse suivant une certaine direction, et donnent naissance à deux rayons polarisés, l'un nommé *rayon ordinaire*, l'autre *rayon extraordinaire*.

» La quantité dont ces rayons sont séparés dépend de l'épaisseur du cristal et de son pouvoir biréfringent.

» LE SPATH D'ISLANDE POSSÈDE CE POUVOIR A UN TRÈS-HAUT DEGRÉ. »

De tout ce qui précède il résulte d'abord que le Spath est de première nécessité pour les instruments de polarisation ; ensuite qu'il y a de grandes difficultés à s'en procurer : enfin que, suivant l'ouvrage de M. Menier de Paris, en 1854, le spath est coté au prix de *cent francs* le prisme.

Maintenant, qu'on nous permette de le demander : Qui ne gémirait de ce qui est arrivé dans une carrière dite le Clos-Ligeard, située près le bourg de Saint-Ouen ?

En extrayant du calcaire, les ouvriers ont découvert, à environ 4 mètres de profondeur, une couche de spath. Ne connaissant pas ce cristal, ils l'ont entamé à coups de pioche ; cela les amusait beaucoup. Un curé voisin en a profité pour monter, avec des fragments rompus et brisés, un lustre aujourd'hui suspendu devant le maître-autel de son église. L'objet , physiquement , est grotesque , mais intrinsèquement , il a une valeur réelle.

Qu'a-t-on fait ensuite de l'autre partie de ce spath ? Chacun en a pris un morceau comme pièce curieuse , et le reste a servi à *macadamiser* un chemin. Il s'y trouvait des morceaux sans prix.

Dites donc encore que le sol de la Mayenne n'est point riche, et surtout que nous savons mettre à profit les richesses de notre admirable pays ?

Puisque l'occasion s'en présente, nous conjurons MM. les savants de la capitale de venir explorer notre belle Mayenne ; ils y trouveront de quoi s'occuper.

On trouve, par exemple, dans le calcaire et le schist de Changé , Saint-Jean-sur-Mayenne , Saint-Germain-le-Fouilloux , Saint-Ceneré-sous-Argentré , Saint-Ouen-des-Toits, la Baconnière, des polypiers remarquables , *encrines* , *orthocères* , *productes* , *térébratules* ou *spirifères*. Changé possède également des *trilobites* et des roches *stéatites* ; Saint-Ceneré et Saint-Germain-le-Fouilloux , le polypier fort rare , le *favosita punctata*.

Que chacun de nous ait une haute idée du département où nous avons reçu le jour ; que chacun mette tout son amour dans la glorification de notre beau pays, et bientôt la Mayenne sera considérée , par la richesse de son sol et l'industrie de ses habitants, comme le premier département de la France.

BANQUET DE L'EXPOSITION.

Les grandes et belles fêtes qui ont eu lieu à Laval à l'ouverture de l'Exposition des produits de l'Industrie, à laquelle concouraient onze départements, ne pouvaient manquer d'avoir pour complément les réjouissances que procure le fraternel entrain d'un banquet. Un banquet, en effet, est le trait d'union qui, avant comme après la bataille, rapproche les combattants et en fait une société d'amis à notre époque de civilisation.

Mardi donc, 6 octobre courant et veille du jour solennel où devaient être proclamés, au sein d'une grande pompe, les noms des lauréats, la magnifique nef de notre Palais de l'Industrie était métamorphosée en salle de banquet. Plus de deux cents convives y étaient assis autour d'une immense table en fer à cheval, sur laquelle étincelaient de magnifiques candélabres et les surtouts de table argentés de la maison d'orfèvrerie Christofle, de Paris. Trente commissaires du banquet surveillaient en outre les détails du service. (*)

Au haut de la table étaient M. le préfet de la Mayenne, M. le général de Gallemant, M. le président du tribunal civil de Laval, M. Chamaret, président de la Société de l'Industrie, M. Jules Le Clerc, député au Corps Législatif et président du tribunal de commerce, M. le secrétaire général de la Société de l'Industrie, M. Toutain, président de la chambre de commerce, M. le secrétaire général de la préfecture, M. le capitaine commandant de place à Laval et tous les membres du conseil d'administration de la Société.

(*) Ce dîner a été servi par MM. Charbonnel, de Rennes, et Normand, de Laval.

Au sein de cette assemblée, les cœurs s'attendrissaient à l'aspect de ces patients laboureurs, de ces braves ouvriers, émerveillés de tant de splendeurs.

M. le préfet de la Mayenne a porté le toast suivant :

« A l'Empereur, auquel le peuple Allemand, avec un remarquable enthousiasme, vient de donner d'éclatants témoignages de respect et d'admiration !

» A l'Empereur, à qui l'Europe, comme la France, est jalouse de prouver sa reconnaissance pour les immenses services qu'il a rendus. Comme nous, toutes les nations ont besoin d'ordre ; comme nous, elles veulent assurer leur avenir, grandir et se développer avec sécurité dans toutes les gloires de la civilisation, dans toutes les splendeurs de la paix.

» Comme nous aussi, elles se rappellent ces jours de sinistre mémoire, où la France étonnée s'est tout à coup trouvée sans pouvoir, sans institutions et sans lois. Dans son anxiété, elle tourna son regard vers le prince dont le nom seul promettait le repos dans la force ; c'est vers lui que l'entraînèrent ses mystérieux instincts, c'est en lui qu'elle chercha son libérateur, son étoile de salut, une ressource suprême d'avenir, le chef suscité de Dieu pour aplanir les difficultés et pour conjurer l'orage prêt à fondre sur elle et qui devait causer sa ruine.

» De nombreux suffrages allèrent le chercher dans la terre d'exil, révélant ainsi la pensée nationale, qui bientôt se manifestait dans la France entière ; et le pays, par trois fois, toujours avec une énergie croissante, lui confiant tout ce qu'il pouvait donner d'autorité et de puissance, se reposait désormais sur lui du soin de sa destinée.

» C'est l'histoire vraie, Messieurs, d'une époque encore bien proche de nous. Ce qui n'est pas moins vrai, c'est le haut degré de richesse, de prospérité, de grandeur et de gloire auquel notre patrie est parvenue. Aussi le peuple Français aime-t-il son Empereur et est-il à bon droit fier de son gouvernement. Mais ces sentiments de respectueuse reconnaissance ne se manifestent pas seulement chez nous : vous l'avez vu, dès que l'Empereur paraît sur le sol étranger, en Allemagne, comme en Angleterre, les populations empressées accourent sur son passage pour saluer de leurs acclamations sympathiques le grand prince qui comprend si bien son siècle, le régénateur de son pays, le sauveur de la civilisation.

» A l'Empereur !

» A l'Impératrice, dont le cœur ne reste sourd à aucune infortune, dont la bonté est inépuisable, les bienfaits incessants et dont le nom est chéri et béni de tous.

» A l'Impératrice !

» Au Prince Impérial !

» Souhaitons, Messieurs, à cet auguste enfant le génie et le cœur de son père ; puisse-t-il, en grandissant, s'inspirer de ses généreuses et si patriotiques pensées.

» Au Prince Impérial !

Ce toast a été accueilli chaleureusement par l'assistance.

M. le préfet a ensuite successivement donné la parole à MM.

Chamaret, président de la Société de l'Industrie, qui s'est exprimé en ces termes :

« *A l'Industrie, au Commerce et aux Arts !*

« De leur union, Messieurs, dépend la prospérité, la richesse, la splendeur d'un Etat.

« L'art, souffle divin, crée et invente ; l'industrie applique, perfectionne ; alors, le commerce, s'emparant de leurs œuvres et de leurs travaux, les transporte et les distribue dans le monde entier, répandant partout la lumière et les bienfaits de la civilisation.

« Buvons donc, Messieurs, *à l'Industrie, au Commerce et aux Arts.* »

M. Jules Le Clerc, député au Corps Législatif, a pris la parole en ces termes :

« Messieurs, en présence des agriculteurs distingués que je vois réunis dans cette enceinte et qui ont pris une si large part aux progrès de l'agriculture de ce pays , dont les produits ont été doublés depuis quarante ans , j'ai la confiance de trouver chez vous quelque sympathie en vous proposant un toast :

« *A l'Agriculture*, la première des industries , celle qui , entre toutes les autres , donne à l'homme intelligent et laborieux plus de réelles et douces jouissances et moins de déceptions; *à l'Agriculture !* »

M. Jules Lefizelier , secrétaire général de la Société de l'Industrie , a porté un toast à M. le président de la Société de l'Industrie , à peu près en ces termes :

« Messieurs,

« Vous avez voulu me confier l'honneur de porter le toast à la santé de notre cher président , M. Chamaret. Je vous remercie , Messieurs. Cette tâche m'est bien douce et surtout bien facile; car personne ne sait mieux que moi toute l'activité , tout le dévouement que M. le président a mis à l'accomplissement de cette œuvre, à l'organisation de cette seconde exposition régionale de Laval qui vient de jeter un nouvel éclat sur notre bonne ville. (Applaudissements.)

« Honneur , Messieurs, trois fois honneur à ceux qui , comme M. Chamaret , savent , avec tant de modestie et tant d'abnégation , mettre leur intelligence et leur activité tout entière au service de leur pays. (Ici la voix de M. Lefizelier est couverte par les bravos et les cris de *Vive M. Chamaret !*)

L'orateur, ressaisissant avec une nouvelle énergie la parole , s'écrie :

« Remplissez vos verres , Messieurs , et, comme moi, du fond du cœur, répétez bien haut , afin que les échos de cette salle en gardent le souvenir :

« A la santé de Monsieur Chamaret, président de la Société de l'Industrie de la Mayenne ! »

A ce mouvement, toute la salle se lève, et les convives, agitant leurs verres, font retentir un tonnerre de *vivat!* et de cris : à la santé, oui, à la santé de M. Chamaret.

Le tumulte était dans l'assemblée ; le désordre régnait au sein de l'ordre. Aussi l'orateur qui devait ensuite prendre la parole dût-il attendre que la joie publique fît trève un instant et que revînt le calme nécessaire même au sein d'un banquet.

M. Lefizelier père porta en ces termes le toast à M. le préfet :

« A Monsieur le préfet !

» L'appui bienveillant que vous nous avez donné pour tout ce qui pouvait contribuer au développement et à l'éclat de notre Exposition, mérite des remercîments que nous sommes heureux de vous adresser.

» C'est aussi pour nous tous, non-seulement une espérance, mais une garantie que sous votre nouvelle administration et sous son patronage éclairé, les beaux arts, l'agriculture et l'industrie continueront à progresser dans notre belle Mayenne !

» A Monsieur le préfet ! »

(Bravos et cris répétés : A la santé de Monsieur le préfet !)

« M. Vauguyon, adjoint à la mairie de Laval, a porté, au nom de l'administration de la ville, un toast *à Messieurs les Exposants étrangers et à ceux de Laval!* »

« M. Bernard, de Rennes, a proposé un toast *à l'hospitalité Lavalloise !* »

« M. Jules Lefizelier, un toast *à l'armée et au brave 46e de ligne, en garnison à Laval !* »

M. Toutain, président de la chambre de commerce de la Mayenne, s'est levé ensuite et, s'adressant aux convives :

« Messieurs,

« J'ai l'honneur de vous proposer d'offrir, par un toast chaleureux, les remerciements bien sincères que nous devons aux dignes jeunes gens et commissaires, les uns organisateurs des fêtes splendides que nous avons admirées avec orgueil, les autres de cette belle et mémorable Exposition qui laissera de glorieux souvenirs dans nos esprits et dans nos cœurs !

« Ce que vous avez fait, jeunes gens, est du bon patriotisme et donne la mesure de ce que vous valez et de ce que vous pouvez !!!

« Mais je craindrais, Messieurs, d'affaiblir par mes paroles le mérite de ceux pour qui je provoque votre gratitude ; ils trouveront mieux leur juste récompense dans vos applaudissements et dans le succès auquel, par leur zèle, leurs soins et leur dévouement, ils ont si puissamment concouru !

« *Aux Jeunes gens et aux Commissaires !*

M. Allouel fils, au nom des commissaires, a répondu par ce toast :

» Nous sommes vivement touchés, mes jeunes collègues et moi, du toast de messieurs les membres du conseil d'administration qui nous ont fait l'honneur de nous associer à l'œuvre dont notre cité est fière.

» Notre tâche était facile à remplir sous leur direction bienveillante et éclairée.

» Nous n'oublierons pas leurs égards et leurs encouragements, et nous serons toujours heureux d'avoir prêté notre faible concours à cette Exposition de l'Industrie de plusieurs départements qui ne formeront désormais qu'une seule famille.

» A Messieurs les membres du Conseil d'administration ! »

A la suite de ces toasts, M. Naudet, professeur à l'Ecole Normale de Laval, a improvisé les vers suivants :

> Buvons, Messieurs, buvons aux citoyens utiles,
> Dont les soins empressés, dont les efforts habiles ,
> Concourant sans relâche aux splendeurs de ce mois ,
> A l'estime publique ont conquis tant de droits ;
> Mais à l'homme surtout, dont la volonté ferme
> A conduit cette fête à son glorieux terme,
> Qui, marchant d'un pas sûr dans son rude chemin,
> Disait : allons toujours et nous verrons demain !
> Qui six mois a poussé sans relâche et sans trève
> Le labeur glorieux que ce moment achève ;
> Messieurs, avec bonheur je porte sa santé ;
> De ses concitoyens il a bien mérité !

C'en était trop ; M. le prefet de la Mayenne, irrésistiblement entraîné par ce spectacle, et cédant au besoin de reprendre la parole, a laissé déborder sur ses lèvres le bonheur qu'il cherchait à contenir secrètement au fond de son cœur et l'a épanché avec une joyeuse animation de voix.

« Messieurs,

» Votre enthousiasme m'a vaincu ; je ne suis plus le maître des sentiments que j'éprouve en ce moment. Je voulais cependant attendre jusqu'à demain pour vous annoncer la bonne nouvelle ; mais cela m'est impossible. Apprenez-le donc : Sa Majesté l'Empereur, faisant droit à ma demande, a nommé M. Chamaret chevalier de la Légion-d'Honneur. »

L'assemblée en masse se lève de nouveau et fait retentir la salle des cris de Vive l'Empereur ! Vive M. Chamaret ! avec tant d'enthousiasme qu'il était à craindre que les vitres de la rotonde ne tombassent en éclats sur les tables. L'attendrissement est au comble ; plusieurs embrassent M. Chamaret, tandis qu'un grand nombre d'autres ne peuvent retenir les larmes que leur arrachent les élans d'une joie aussi unanime.

CLOTURE DE L'EXPOSITION.

Il y a cinq ans, nous remplissions envers notre commune patrie le même devoir qu'aujourd'hui. Nous battions des mains aux succès de nos compatriotes et , dans la joie de notre cœur, nous fîmes, un peu plus tard, parvenir notre travail à un homme célèbre qui nous avait montré beaucoup d'intérêt. Il nous fit l'honneur de nous adresser une bien touchante réponse, qui ne pouvait guère nous faire soupçonner le coup affreux qui nous atteignit six mois après, quand le monde littéraire se sentit, pour ainsi dire , foudroyé par la nouvelle de sa mort aussi douloureuse qu'inattendue. Voici cette lettre que nous ne pouvons relire sans verser des larmes bien amères.

« Paris, 31 juillet 1853.

» Je m'empresse, Monsieur, de vous remercier de l'ouvrage que vous m'avez envoyé. Laval est, je crois, la première ville qui donne l'exemple d'une exposition à peu près exclusivement départementale. Il sera sans doute suivi, et l'industrie ne peut qu'y gagner beaucoup. Je regrette seulement que notre nation paroisse s'absorber dans ce progrès matériel, et qu'elle devienne chaque jour, en apparence du moins, plus indifférente à tout le reste. Il est triste que les yeux s'habituent à ne regarder qu'en bas. S'ils ne se relevoient point, si la pensée restoit enfermée dans le cercle étroit des besoins physiques, si le cœur ne devoit plus battre pour quelque chose de plus noble, de plus digne d'un être qui ne vit pas seulement de pain, nous serions entrés sans retour dans la voie qui mène à la tombe.

» Agréez, monsieur, l'expression de ma sincère estime et de mes sentiments affectueux.

» LAMENNAIS. »

Le célèbre écrivain , en se faisant ici l'écho de l'Evangile , doit être écouté du monde commercial et artistique tout entier. Il apparaît, en ce moment,

au sein des cruelles ténèbres de sa tombe, comme
un éclair qui illumine l'horizon des futures destinées de la science, de l'industrie et des beaux-
arts.

Laval, sans doute, n'a pas besoin de cette voix
pour marcher d'un pas sûr vers l'avenir. Nos aïeux
avaient conquis pour nous le bien-être dont nous
jouissons, dans l'ordre, le patriotisme et la paix,
sous l'étendard de la civilisation opérée par la foi
et les œuvres de la religion. Nous les admirons et
devons aussi les imiter ; car il ne nous appartient
pas, à nous, leurs héritiers, de frustrer de ce bonheur nos arrière-neveux.

Aussi avons-nous entendu avec bonheur, mercredi dernier, toutes les cloches de la cathédrale
de Laval appeler la population aux pieds des autels
dans le but d'y chanter un *Te Deum* d'actions de grâces pour remercier le ciel des progrès de l'industrie
dans notre glorieuse France ; les autorités civiles,
religieuses, administatives, judiciaires et militaires
s'y étaient rendues, accompagnées d'un détache-
ment du 46e de ligne en garnison dans notre ville.

De là, le cortége, précédé et suivi d'une grande
foule de peuple, se rendit, vers deux heures, au
Palais de l'Industrie, déjà presque envahi par les
Exposants et les invités.

A son entrée, la musique de la ville éclate en
bruyants accords, et M. le préfet de la Mayenne,
accompagné de Monseigneur l'évêque de Laval, qui
venait de parcourir 35 kilomètres en poste pour
honorer de sa présence cette belle cérémonie, de
M. le général de Gallemant, de M. Gasté, président du tribunal civil, de M. Chamaret, président de la Société de l'Industrie, de MM. Vauguyon et Mottier, adjoints au maire de Laval, de
M. Jules Le Clerc, député, de M. Toutain, président de la Chambre de Commerce, de M. Lefizelier,

père, vice-président de la Société de l'Industrie, de MM. les officiers du 46e de ligne et des principaux fonctionnaires du département, de tous les membres du bureau d'administration et du jury de l'Exposition, de plusieurs chanoines de la cathédrale, viennent prendre place sur une estrade élevée à l'entrée de la nef.

L'estrade, sur laquelle siégeait cette nombreuse assemblée, avait été décorée avec goût. Une draperie magistrale formait le fond sur lequel se détachait un piédestal surmonté du buste de l'Empereur, encadré dans les armoiries de Laval, de Nantes, de Rennes, d'Angers et du Mans, à côté desquelles de magnifiques glaces reproduisaient les milliers de têtes de l'assistance.

Au-devant et en côté de l'estrade avaient été dressés des faisceaux de drapeaux auxquels étaient appendus les armoiries des autres chefs-lieux des départements appelés à concourir.

M. le préfet, président d'honneur de la société de l'Industrie, déclare la séance ouverte. Il se lève et prononce le discours suivant :

« Messieurs,

» L'honneur que vous me faites en m'appelant à présider cette réunion me touche profondément; mais à ce sentiment, qui m'est tout personnel, s'en joint un autre que fait naître en moi cette Exposition si riche en produits, c'est un sentiment d'orgueil pour mon pays et, en particulier, pour le département dont l'administration m'est confiée.

» Il y a trop peu de temps que je suis au milieu de vous pour que je puisse vous parler du passé comme il conviendrait. Cependant je sais avec quel empressement, avec quel enthousiasme la première Exposition fut accueillie en 1852, avec quel éclat elle fut inaugurée, et qu'elles espérances elle donna dès son début. Ces espérances, comme l'avait annoncé l'un des honorables membres de la société qui portait la parole dans cette mémorable circonstance, se sont réalisées. Au dire de tous les hommes compétents, l'Exposition de 1857 surpasse son aînée, et assure désormais l'existence de l'association industrielle de la Mayenne. Cet espoir de vitalité, cette certitude de l'avenir, cette preuve que vous donnez satisfaction à des besoins réels et généralement sentis, ressortent des résultats significatifs que nous avons sous les yeux, du concours empressé et persévérant des hommes les mieux placés pour apprécier l'utilité et l'importance de votre association, de la présence dans ces lieux de tous ces ouvriers intelligents et laborieux, de ces négociants et industriels qui les dirigent, accourus en si grand nombre des départements voisins et de toutes les parties du département de la Mayenne, pour vous apporter leurs contingents de travail, de lumières et de sympathies.

» Ce n'est pas seulement, Messieurs, pour encourager des succès éphémères, c'est aussi par ce qu'ils ont foi dans l'avenir et dans l'efficacité de votre œuvre patriotique, que les notabilités de ce pays, que d'illustres représentants de notre glorieuse armée, que d'honorables magistrats, des fonctionnaires, vigilants gardiens de l'autorité, ont voulu assister à cette solennité que rehausse encore la présence d'un prélat vénéré et aimé de tous, qui, en bénissant de généreux efforts demande chaque jour au ciel de les rendre féconds.

» L'industrie d'un peuple donne la mesure de sa civilisation, car l'industrie s'applique à l'agriculture, aux manufactures et aux arts, c'est à dire, à tout ce qui peut donner la prospérité, le bien-être et la vie.

» L'Industrie en France n'a jamais tant fait que de nos jours pour agrandir son domaine et s'élever jusqu'aux dernières limites assignées au génie de l'homme. Jamais les tendances vers les inventions utiles, les perfectionnements, les améliorations ne se sont manifestées avec plus d'énergie et de constance. Aussi n'avons nous rien à envier aux autres nations, que nous surpassons pour un grand nombre de produits, de procédés et de fabrications. Vous le savez, Messieurs, une guerre héroïque, qui n'a rien d'analogue ni dans les temps anciens, ni dans les fastes les plus glorieux des temps modernes, n'a pu arrêter ce mouvement irrésistible. Et dans le moment où nous applaudissions à ces combats gigantesques qui se livraient en Crimée, et qui exigeaient de la France de si lourds sacrifices, le monde constatait à l'Exposition universelle les immenses progrès de notre industrie. Ah ! c'est que l'on comprenait que cette guerre, loin d'appauvrir et de faire rétrograder le pays, assurait son avenir et son indépendance en le replaçant au rang élevé qu'il doit occuper : la dignité d'une nation est inséparable de sa grandeur et de sa prospérité ; un Gouvernement ne peut garantir la sécurité au travail et lui procurer les moyens d'écouler ses produits, faciliter ses relations, et ouvrir des débouchés au commerce qu'à la condition d'être fort et de se faire respecter lui-même.

« Le Gouvernement de l'Empereur, avec cette hauteur de vue qui le caractérise, l'a parfaitement senti. Aussi, voyez l'essor qu'ont pris, sous son influence tutélaire, l'industrie, le commerce, l'agriculture, les arts, aidés par ces grandes mesures dont l'initiative appartient au chef de l'Etat, par ces encouragements de toutes sortes, par ces voies de fer qui s'ouvrent et se complètent de toutes parts, par des institutions de crédit et de banque, par l'extension donnée à la navigation à vapeur, par celle que reçoit tous les jours la télégraphie électrique, qui franchit toutes les distances et qui nous permettra bientôt de correspondre en quelques minutes avec les premières villes du monde. Cette situation nouvelle, et qui découvre dans un lointain peu éloigné de si larges horizons, en augmentant les richesses mobilières dans des proportions considérables, doit accroître nécessairement les productions de toute espèce et les besoins d'échanges.

« Cette association, Messieurs, répond à ces dispositions de notre époque. Elle est entrée (dans la limite de ses forces) dans cette voie progressive ouverte devant elle ; elle la poursuivra avec résolution et prudence.

« On peut dire qu'aux temps mêmes les plus prospères, le travail n'a jamais été plus abondant qu'il ne l'est aujourd'hui. L'œuvre ne manque plus aux bras, ce sont les bras qui manquent à l'ouvrage, et c'est évidemment du côté de l'ouvrier que penche la balance de l'offre et de la demande.

« En travaillant, Messieurs, avec une énergie qui ne doit pas exclure l'esprit de sagesse, au développement de nos richesses nationales, en cherchant à ajouter le mieux au bien, à répandre autour de nous l'aisance et le bien-être, n'oublions pas les leçons du passé et ne perdons pas de vue que nous n'édifierons rien de solide, si nous ne travaillons en même temps à la moralisation du peuple, et si les principes éternels de la religion, dont l'oubli nous a été

si funeste depuis un siècle, et qui sont les véritables fon-
dements de la morale, n'exercent parmi nous leur salutaire
influence. Il faut que l'ouvrier contracte des habitudes
d'ordre et d'économie, qu'il sache bien que ses intérêts
sont intimement liés à ceux du chef de fabrique, car, si ce
dernier manque d'ouvrage, il ne saurait en procurer aux
autres ; que le travail est le moyen le plus honorable d'arriver à l'aisance, et que celui qui s'y livre avec persévé-
rance et probité a droit à l'estime et à la considération de
tous les gens de bien.

« Nous affermirons encore, Messieurs, cette situation,
qui fait l'envie de toute l'Europe, en nous attachant de plus
en plus à un Gouvernement qui a déjà tant fait pour le
bonheur de la France et qui sera d'autant plus en position
d'accomplir ce qu'il poursuit avec une si rare intelligence
de nos besoins et de nos intérêts, qu'il sera entouré de plus
de sympathies et de cordiales affections.

« Evitons surtout ces divisions de partis qui, en éner-
vant et en paralysant les régimes précédents, les ont mis
dans l'impuissance de rien fonder de durable.

« Pressons-nous donc autour de l'homme de cœur et de
génie que la Providence a placé à la tête de nos destinées,
et qui, après avoir sauvé le monde des périls de la révolution, s'est attaché, avec toute l'énergie de sa grande âme,
à rendre la France forte et glorieuse au dehors, heureuse
et prospère au dedans.

« Je ne terminerai pas, Messieurs, sans adresser des
félicitations sincères et méritées à l'honorable président de
notre Société industrielle, à tous les membres qui la composent et aux membres des diverses commissions : tous ont
rivalisé de zèle et de dévouement. C'est grâce à leurs soins
éclairés, à leur active coopération que cette Exposition a
été aussi remarquable ; qu'ils me permettent de les remercier personnellement d'avoir rempli aussi complètement
leur mandat. J'adresse également des remerciements à MM.
les exposants des départements voisins ! Ils ont prouvé
par leur empressement à se rendre au milieu de nous qu'ils
ont l'intelligence de leur époque et la conscience des progrès qu'elle est destinée à réaliser. Honneur à leurs généreux efforts ! honneur aussi aux travaux de leurs confrères
de la Mayenne !

« Je ne puis, enfin, ne pas parler de la bonne direction
qui a présidé à vos fêtes splendides ; comme moi, les étran-

gers ont été frappés de leur magnificence. Je dois une mention particulière et un public hommage à l'administration municipale de Laval, dont le budget a pourvu à la pompe de ces journées avec autant de libéralité que de bon goût et de sollicitude. Heureux le pays, Messieurs, où se rencontrent des hommes aussi franchement disposés à accueillir ce qui est grand et utile, et à pratiquer l'hospitalité avec cette ampleur et cette cordialité ! »

De vifs applaudissements accueillirent ces belles et sympathiques paroles. A peine le calme s'est-il rétabli que M. le préfet, se levant de nouveau, jette les regards vers la magnifique colonne en marbre noir, d'un seul bloc, haute de près de sept mètres, à laquelle est appendu un médaillon portant ces mots : *A M. Chamaret*, entourés de deux branches de chêne et de laurier, attachées ensemble avec un cordon dont le nœud étale à tous les regards le signe de la croix de la Légion d'honneur.

Le visage rayonnant de joie, M. le préfet annonce la bonne nouvelle à l'assistance, et confie à Monseigneur le soin d'attacher la décoration, donnée par l'Empereur, à la poitrine de M. Chamaret.

Ce fut un moment bien solennel dont chacun gardera le souvenir avec orgueil ; car, en cet instant de joyeuse ovation, M. Chamaret était le fils de toutes les mères, le frère de toutes les sœurs, l'ami et le compatriote de tous les assistants.

Aussi les bravos et les applaudissements atteignirent un degré qui touchait à l'exaltation. Des larmes d'émotion gagnèrent bien des cœurs et répondirent à celles que M. Chamaret ne put s'empêcher de verser.

Après cette scène touchante, M. le président de la Société prononça à son tour un discours qui fut accueilli comme il méritait de l'être. Nous le donnons également en entier.

« Mʳ ʟᴇ Pʀᴇғᴇᴛ, Mᴏɴsᴇɪɢɴᴇᴜʀ,

« Messieurs,

« Il y a cinq ans, pour la première fois, le département de la Mayenne organisait une Exposition régionale et l'inaugurait par des fêtes qui eurent un grand retentissement dans le pays.

« En 1856, la société de l'Industrie décidait, conformément à ses statuts, qu'une Exposition et des fêtes auraient lieu en 1857.

« Depuis un mois vous avez sous les yeux le résultat des efforts qu'elle a faits pour satisfaire à l'obligation qui lui était imposée.

« La tâche était lourde pour le conseil d'administration, mais il a rencontré de toutes parts bienveillance et sympathie ; aussi venons-nous aujourd'hui remercier tous ceux qui ont contribué à la beauté de l'Exposition, à l'éclat des fêtes.

« Le premier, Monsieur le Préfet, recevez l'expression bien sincère de notre gratitude. A peine arrivé au milieu de nous, vous preniez part à nos travaux, vous proposiez au conseil général de donner les médailles d'or qui vont être décernées. Votre proposition fut accueillie par tous ses membres avec cette bienveillance dont ils nous avaient déjà donné une preuve éclatante en 1856 ; qu'ils reçoivent ici l'assurance de notre vive reconnaissance.

« N'oublions pas tout ce qu'ont fait MM. de Charnailles, ancien préfet de la Mayenne, et Segretain, ancien maire de Laval ; c'est à leur initiative que nous devons l'achèvement d'une partie de nos galeries ; puissent nos paroles parvenir jusqu'à eux et leur prouver que les Lavallois savent se souvenir.

« En parlant du maire de Laval, nous entendons aussi reconnaître tout ce qu'ont fait MM. les adjoints et les membres du conseil municipal , dont le concours et l'appui nous ont toujours été si précieux.

« Monseigneur , mes paroles ne pourront jamais exprimer tout ce que nous vous devons pour vos attentions délicates envers le conseil d'administration de la société , et , oserai-je le dire , envers son président.

« Votre présence si inopinée au milieu de nous a causé la joie la plus vive , car nous savions que vous étiez bien loin et par conséquent n'osions l'espérer ; que Votre Grandeur reçoive donc le témoignage de notre reconnaissance la plus vive et la plus sincère.

« Que l'autorité militaire , qui nous a prêté aide et protection , reçoive aussi nos remercîments empressés.

« Je n'entreprendrai pas de vous faire suivre pas à pas tout ce qu'il a fallu de dévouement et d'habileté à M. Renous , architecte du département , pour arriver au magnifique résultat que vous admirez depuis deux mois. Il avait pour collaborateur M. Pont , architecte-voyer de la ville de Laval , dans les attributions duquel rentrait cette édification , mais qui , modeste et homme de cœur , a voulu que celui qui avait conçu les plans et les avait commencés , eût la gloire de les terminer ; qu'il me soit permis de les remercier tous les deux.

« Permettez-moi aussi de vous dire que ces beaux plafonds ont été faits par MM. Favre dit La Douceur , à Meslay , Causard et Chaussonet , à Laval , mais , pour être juste , il faut en reporter le principal mérite au sieur Favre , qui traçait et dirigeait le travail.

« Remercions également MM. Rézé frères , menuisiers à Laval , et Meslier , charpentier à Changé , pour leurs travaux.

« Que vous dirai-je de MM. La Grange et Boutreux, organisateurs de la cavalcade ; mes éloges
seraient trop au-dessous de l'impression si vive dont
le souvenir tout palpitant durera bien plus longtemps
que ceux qui en ont été témoins ; l'enthousiasme
les accueillait partout ainsi que leurs collègues. Les
ordonnateurs de ces chars si beaux, si admirés,
MM. Vilfeu, Moulinais, Renous, Gerbault, Bonne-
fons, Praud et Lotz (de la maison Renaud et Lotz
de Nantes), étaient aussi vivement applaudis ; recevez donc tous, Messieurs, nos biens sincères remercîments.

La fête vénitienne et les illuminations organisées
par M. Pont promettaient une soirée extraordinaire ;
elles commençaient à peine quand la pluie survint ;
mais déjà les bravos se faisaient entendre et causaient
un tel enthousiasme que, malgré l'inclémence du
temps, une foule immense restait compacte et ser-
rée pour applaudir.

« A peine sortis des fêtes, une tâche difficile,
ardue, attendait ceux qui avaient bien voulu accepter les fonctions de membres du jury ; nous ne
saurions trop leur répéter combien nous sommes
reconnaissants du zèle, du dévouement qu'ils ont
apporté dans cette délicate mission, surtout pour
MM. les jurés étrangers qui n'ont pas craint un long
déplacement.

« Tous les visiteurs ont admiré la bonne entente,
et les soins apportés dans le classement des objets
exposés, c'est à vous, Messieurs de la commission
de classement, que reviennent ces éloges auxquels
nous sommes heureux de joindre les nôtres.

« Vous aussi, Messieurs les musiciens, toujours
prêts à embellir toutes les cérémonies, acceptez nos
félicitations.

« A vous, Messieurs et honorés collègues du conseil d'administration, à vous, M. le président ho-

noraire qui m'aviez tracé la route, mais surtout à mon jeune et honorable ami secrétaire général de la société, car, je le proclame bien haut, c'est à vous, oh! bien à vous qu'appartient la réussite de notre belle Exposition ! MM. les exposants peuvent l'attester. Avant d'arriver à Laval ils ne connaissaient pour ainsi dire que M. Jules Lefizelier ; recevez donc ici la récompense qui vous est due et que vous avez si bien méritée.

MM. les exposants, vous me pardonnerez sans doute d'avoir été si long, d'avoir ainsi retardé le moment où vous recevrez les récompenses qui vont couronner vos efforts et vos travaux ; mais, vous le comprenez, je devais, au nom de tous, au mien en particulier, remercier ceux qui avaient pris part à nos joies, à nos fatigues, et avaient rendu facile l'honorable mission qui nous était confiée. Votre part, Messieurs, est la plus grande, et ma reconnaissance y est proportionnée.

« Mesdames, vos nombreuses visites à l'Exposition ont été pour tous une récompense bien flatteuse. Votre présence aujourd'hui prouve à MM. les exposants combien vous prenez part à leurs travaux, combien vous applaudissez à leurs succès, et nous sommes assurés qu'ils redoubleront d'efforts pour attirer votre attention et mériter vos suffrages à la prochaine Exposition. Prenons donc tous rendez-vous pour 1862.

M. Vauguyon prit ensuite la parole et prononça le discours suivant :

« Messieurs,

» Chargé par la bienveillance de Monsieur le préfet d'administrer provisoirement la ville de Laval, conjointement avec deux de mes collègues du conseil municipal, permettez-moi, au nom de ce conseil, de vous exprimer toute la reconnaissance dont il est pénétré envers ses concitoyens.

» Si quelque chose peut récompenser et dédommager des

ennuis inséparables de l'administration , c'est de voir augmenter la prospérité de la cité , de la voir grandir en importance.

» A qui peut-on être redevable de ces résultats? Je le dis ici avec orgueil, au patriotisme de ses habitants.

» En effet, quelle administration, si dévouée qu'elle fût, pourrait obtenir par elle-même rien qui approchât de ce qui s'est passé à Laval depuis un mois?

» Mais le concours de tous est bien puissant lorsqu'il est aussi unanime.

» Des hommes dans toutes les positions , des jeunes gens de toutes les classes , de toutes les professions, sont venus, sous l'habile direction de leur honorable président , apporter ici leur goût, leur intelligence et leur activité.

» Dans les fêtes qui ont eu lieu, pas un citoyen n'a voulu rester en arrière ; il n'est si pauvre habitation qui n'ait été décorée par le patriotisme.

» Et je le dis avec une satisfaction encore plus grande, nul désordre, nul accident n'est venu troubler l'enthousiasme public.

» Que tous les habitants de Laval, que les étrangers , exposants ou visiteurs, qui ont contribué par leur présence à l'éclat de notre exposition, veuillent bien recevoir, par mon organe, les sincères remercîments des maigstrats municipaux. »

Avant de procéder à l'appel des noms des lauréats, M. le préfet fait une invitation à M. Naudet de répéter à cette séance son improvisation de la veille, et ensuite la pièce de vers que nous donnons ci-après :

Dans ce même palais où nous nous retrouvons ,
Où le bonheur hier rayonnait sur les fronts ,
Une voix parmi nous alors s'est fait entendre,
Disant : Jusqu'à demain je ne saurais attendre.
De votre président soyez fiers ajourd'hui ;
L'étoile de l'honneur vient de briller pour lui.
Oh Messieurs ! aux accents de cette voix sonore ;
Les bravos répondant , je les entends encore.
Debout et l'œil humide , et lui pressant la main ;
Nous l'embrassions tous en disant : A demain ,
A demain. Cette croix , par de grands cœurs portée,
Que Chamaret la porte, il l'a bien méritée.

Et demain a sonné, Messieurs : à votre tour
Venez donc recueillir vos palmes, car ce jour
Vous ferme ici l'arène, et vers d'autres contrées
Emporte pour dix ans vos œuvres admirées.
Mais vos travaux, Messieurs, vos glorieux combats,
Notre ville, du moins, ne les oubliera pas !
Aimons-les, aimons-les, ces luttes fraternelles ;
On ne voit pas le sang dégoutter après elles.
Qu'importe la défaite ? Oh ! donnez-vous la main,
Les vaincus d'aujourd'ui seront vainqueurs demain !
Que l'amour du progrès, que la publique estime
Soit le mobile saint qui toujours vous anime,
Et, courant à l'envi vers de nouveaux succès,
Soyez rivaux toujours, mais ennemis, jamais ;
Et tôt ou tard, Messieurs, noblement attendue,
Viendra s'offrir à vous la récompense due ;
Car les temps ne sont plus où de vieux parchemins*
A de rares élus ouvraient tous les chemins.
La route est libre à tous ; dans les jours où nous sommes,
C'est aux services seuls qu'on mesure les hommes,
Et maxime jamais ne put s'appliquer mieux :
« Qui sert bien son pays n'a pas besoin d'aïeux. » **

---

* L'auteur de ces vers, qui est un jeune homme de talent, voudra bien nous permettre de lui faire remarquer que de vieux parchemins, ceux par exemple de Gui de Laval, de Béatrix de Gavres, d'André de Lohéac, etc., et de tant d'autres gentilshommes qui ont créé la France, et sans lesquels pas une ville, pas un bourg, pas un village ne serait encore sorti de terre en notre Mayenne, que ces parchemins-là *obligeaient* comme noblesse oblige.

** Ce vers de Voltaire est à nos yeux une niaiserie. Un père honorable est aussi nécessaire à un fils, qu'à ce fils une postérité honorable. Le souvenir des aïeux fait partie du bonheur ou des chagrins domestiques, comme de la gloire ou de la honte d'une nation. Quel homme, fût-il le plus honnête et le plus brave du monde, se glorifierait d'être le fils ou le petit fils d'un Fieschi, par exemple ? L'honneur des aïeux est donc le fondement, la source de l'honneur d'un peuple, de l'individu. Combien d'hommes aujourd'hui n'occuperaient pas le rang qu'ils occupent dans la société, si ceux à qui ils

M. le secrétaire général prend la parole en ces termes :

Avant de proclamer les récompenses décernées par les diverses sections du jury, nous devons signaler d'une manière toute spéciale ceux de Messieurs les exposants qui à la certitude d'une récompense ont préféré l'honorable mission de membres du jury. Nous devons en outre les remercier du concours si empressé et si utile qu'ils ont prêté au jury de la 2e exposition régionale de Laval.

Ce sont :

Pour la 1re section : M. LA BÉRANGERIE, président de la section ; M. COLLET-CHOUANNIÈRE ; M. GUÉDON-RUBILLARD fils.

Pour la 3me section : M. CH. HUBERT, directeur de la société anonyme des mines de la Mayenne et de la Sarthe ; M. SARMINN, directeur des mines de Saint-Pierre-la-Cour ; M. GERBAULT fils, de Saint-Berthevin.

Pour la 4me section : MM. VÉTILLARD frères, du Mans.

Pour la 5me section : M. PERRIGAULT, de Rennes, membre du jury, délégué par M. le préfet d'Ille-et-Villaine.

Pour la 8me section : M. BARRÉ, sculpteur à Rennes, récompensé d'une médaille d'or à notre exposition de 1852 ; M. JULES D'EVRY, conservateur du musée de Laval ; M. FERRET, professeur de dessin au lycée de Laval ; M. HUCHER, membre du jury, délégué par M. le préfet de la Sarthe.

---

doivent le jour n'avaient pas préparé, pendant une ou deux générations, la voie par laquelle ils sont parvenus à leurs dignités.

Première Section.

Président, M. LA BERANGERIE.

M. GUÉDON-RUBILLARD fils, rapporteur.

PREMIÈRE CLASSE.

AGRICULTURE.

§ 1er. — *Génie agricole.*

Rappel de médaille d'or.

M. Bordillon André, à Bierné (Mayenne.

Médailles d'argent de première classe.

Administration des ponts et chaussées (Mayenne). Etudes et dessins de travaux de drainage par M. Déligeon, conducteur auxiliaire.

M. Cerisay Jules, entrepreneur de drainages à Laval, pour plan de travaux de drainage en cours d'exécution.

Médaille de bronze.

M. Blanchet, à Château-Gontier.

§ 2e. — *Engrais et amendements.*

Rappel de médaille d'argent de première classe.

M. Desrien, à Chantenay (Loire-Inférieure).

Médailles de bronze.

MM. Lefoulon, à St-Denis-de-Gastines (Mayenne). Jarry Joseph, à Mayenne.

DEUXIÈME CLASSE.

MATÉRIEL AGRICOLE.

Mentions très-honorables. (Hors concours).

MM. Ganneron, à Paris. Pinet, à Abilly (Indre-et-Loire).

Médailles d'argent de première classe.

MM. Daudin, à Loiron (Mayenne).
Barada, à Château-Gontier.
Pouteau, curé de St-Berthevin, près Laval.
Girard de Châteauvieux, près Châteaubourg.

Renvoi à la troisième section.

M. Gontier, à Avesnières, près Laval.

Médailes d'argent de deuxième classe.

MM. Quéru Louis, à Torcé (Sarthe).
Charlot, au Mans (Sarthe).

Rappel de médaille d'or.

M. Lotz aîné, à Nantes (Loire-Inférieure).

Médaille d'or.

M. Bodin, à Rennes (Ille-et-Vilaine).

Rappel de médaille d'or.

M. Letessier dit Pays à Laval.

Renvoi à la troisième section pour la médaille d'or.

MM. Renaud Paul et Lotz Adolphe, à Nantes.

Médailles de bronze.

MM. Gerbouin frères, à Sablé (Sarthe).
Passédoit, à Saumur (Maine-et-Loire).

Renvoi à la troisième section.

M. Pineau, à Laval.

Médailles de bronze.

MM. Heslebeux, à Cuillé (Mayenne).
Hippolyte, à Andouillé (Mayenne).
Guiné, à Châteaugiron (Ille-et-Vilaine).

Mentions honorables.

MM. Bulot, à Fougères (Ille-et-Vilaine).
Texier, à Vitré (Ille-et-Vilaine).
Lebouc, à Saint-Céneré (Mayenne).

TROISIÈME CLASSE.

CULTURES DIVERSES.

Hors concours.

Mentions très-honorables.

MM. Chamaret, président de la société.

Collet-Chouannière, à Laval, vice-président.
Trippier-Laubrière, président du comice de Gorron.
De Vaubernier, à Laval.

Médailles de bronze.

MM. Dugas, grainetier à Laval.
Delière, fermier à l'Ente, commune de Montenay (Mayenne).

Mentions honorables.

MM. Gesbert, à Montenay (Mayenne).
De la Monneraye, (Maine-et-Loire).
Rivron, au Lion d'Angers.
Linais frères, à Saint-Pierre-des-Landes (Mayenne).
Guilleux, à Larchamp.

QUATRIÈME CLASSE.

CONCOURS D'ANIMAUX REPRODUCTEURS

Annexé à l'Exposition.

§ 1er. — *Espèce chevaline.*

Pouliches et juments suitées.

Médaille d'or.

M. Leclerc Amédée, à Livré (Mayenne).

Médailles de bronze.

MM. Roussel, à Orthes (Mayenne).
Berthier Laurent, fermier à Saint-Berthevin.

(161)

§ 2e. — *Espèce bovine.*

1re catégorie. — Race Durham. — Mâles.

Médaille d'or.

M. le comte Du Buat, à la Subrardière de Méral.

Médaille de vermeil.

M. Collet-Chouanière, vice-président du comice
de Laval.

Médaille d'argent de premier classe.

M. De la Devansaye, à la Devansaye (Maine-et-
Loire).

Femelles.

Médaille d'or.

M. de Madden, à la Liziére, près Château-Gont.

2e catég. - Race mancelle pure ou croisée. - Mâles.

Médaille de vermeil.

M. Meignan, fermier à Martigné de Bonchamp.

Médaille d'argent de première classe.

M. Bourdais Louis, à St-Germain-le-Guillaume.

Médaille d'argent de deuxième classe.

M. Béchet Pierre, à la Feuillée, commune de la
Bigotiére.

Médaille de bronze.

M. Outin Jean, au Bois-Gast de Bonchamps.

Femelles.

Médaille de vermeil.

M. Jégu Pierre, fermier à la Veuillere de Saint-
Berthevin.

Médaille d'argent de première classe.

M. Leclerc François, fermier à Saint-Berthevin.

Médaille d'argent de deuxième classe.

M. Perlemoine, propriét.-cultivat. à Arquenay.

11

Médaillle de bronze.

M. Brûlé Charles, à Cuillé.

§ 3e. — *Espèce ovine.*

Médaille de vermeil.

M. Bordillon André, à Bierné.

Médaille d'argent de première classe.

M. Perlemoine, précité.

Médaille d'argent de deuxième classe.

M. Fournier François, fermier à Nuillé.

§ 4e. — *Espèce poorcine.*

Race indigènes.

Médaille de bronze.

M. Quélin Julien, à Montigné.

Médaille de bronze.

M. Outin Marie, à Montigné.

Races étrangères.

Médaille d'argent de deuxième classe.

M. Brou Jean, fermier au Louvré de Changé.

Primes distribuées au serviteurs ruraux.

Une somme de 20 fr. au sieur Rose, chez M. Guédon,
exposant hors concours.

dito au vacher de M. Berengerie id.	40 fr.
Un esomme de 10 fr. aux 1ers et 2mes prix, 15 à 10 fr.	150
dito de 5 fr. aux 3mes et 4mes prix, 6 à 5 fr.	30
Total......	220 fr.

Concours de labourage.

1er prix. Une somme de 60 fr. , M. Aurière, laboureur à Argentré sous Vitré.

(165)

2e prix. Une somme de 50 fr., M. Blanchard, fermier au Horps.

3e prix. Une somme de 45 fr., M. Fayot Julien, laboureur chez M. Meignan, fermier à Bonchamps.

4e prix. Une somme de 40 fr. M. Lamy, laboureur à Argentré sous Vitré.

5e prix. Une somme de 35 fr. M. Joseph Leclerc, laboureur chez son père, fermier à Andouillé.

6e prix. Une somme de 30 fr. M. Landais Louis, fermier à Saint-Berthevin.

Mention honorable et 10 fr. M. Gandon, laboureur chez M. Joseph Guichard, à Ahuillé.

Mention honorable et 10 fr. M. Aubry Jean, fermier à Saint-Cyr.

CINQUIÈME CLASSE.

Substances et matières utiles fournies par l'agriculture aux industries qui lui sont immédiatement liées.

Médaille d'argent de deuxième classe.

M. Godeau fils ainé, à Ernée.

Médaille de bronze.

M. Pottier Jacques, à Château-Gontier.

Rappel de médaille de bronze.

Les pères de la Trappe, près Laval.

Médailles de bronze.

MM. Thomain, à la Gravelle, près Laval.
Brillet, à Houssay, (Mayenne).

Deuxième section.

HORTICULTURE.

Président, M. LA BEAULUÈRE père.

M. MALLARD, du Mans, rapporteur, représenté par
M. CHAMARET.

M. Mallard, du Mans, chargé du rapport, étant absent, il se pourrait qu'un oubli eût été fait ; dans ce cas il en serait fait mention dans le prochain numéro du journal.

Il avait été décidé par le conseil d'administration que la médaille la plus élevée serait seule décernée, les autres seulement mentionnées ; ainsi, MM. Gautier et Rabouin auraient obtenu en outre une médaille de vermeil et trois médailles d'argent, M. Georget aîné deux médailles d'argent, M. Louis Agnès une médaille d'argent, enfin M. Lefebvre une médaille de bronze.

Concours des horticulteurs.

Médailles d'or.

MM. Félix Gautier et Rabouin.

Médaille de vermeil.

M. Georget aîné.

Médailles d'argent première classe.

MM. Dupré, jardinier au Gué-d'Orger.
Lefebvre, à Sablé.

Médaille de bronze.

MM. Mottier, à Laval.
Bonneau, à Ernée.

Mentions honorables.

MM. Doudet, à Laval.
Denuault, ibid.

(165)

Bouquets montés.
Médaille d'argent.
Madame Georget.
Médaille de bronze.
Madame Rabouin.
Concours d'amateurs.
Médaille d'or.
M. James , chez M. de Landevoisin.
Médailles de vermeil.
MM. Lardeux Pierre, chez M. La Beauluère.
Agnès Louis , chez M. Vaubernier.
Médaille d'argent de première classe.
Le Comice horticole d'Angers.
Médailles d'argent de deuxième classe.
MM· Baptiste , chez M. de Berset.
Donné , chez M. Des Cars.
Bourgault, à l'hospice Saint-Louis.
Médaille de bronze.
M. François Gautier , cher M. Jules Le Clerc.
Mentions honorables.
MM. Neveu , chez M. le marq. de Laroche-Lambert.
L'Ecole Normale.
Carré , chez M. Le Breton.

Troisième Section.

M. Jules Le Clerc , président et rapporteur

PREMIÈRE · CLASSE.

MINES.

Mentions honorables hors concours. — Récompenses
hors ligne en 1852.
Société anonyme des Mines de charbon minéral

de la Mayenne et de la Sarthe. (M. Charles Hubert, directeur.

Société de la mine de Saint-Pierre la-Cour (Pied-noir et Cie).

Médailles d'argent première classe

Société des mines de Montigné.

Mines de Pompéau, près Rennes (Ille-et-Vilaine). (M. A. Couanier, directeur-gérant).

ARDOISIÈRES.

Médailles d'argent.

Société des ardoisières de Laubinière, à Renazé (Mayenne). (M. Aufray, directeur).

Société anonyme des ardoisières de Chatemoue en Javron (Mayenne). (M. Pottier-Duponceau, directeur).

MARBRES.

Rappel de médaille d'or en 1852.

MM. Landeau-Noyers et Cie, à Sablé (Sarthe).

Rappel de la grande médaille d'argent en 1852.

Mme veuve Henry, à Laval.

Médaille d'argent première classe.

Compagnie Marbrière et Industrielle du Maine (M. Ozou de la Verrie, directeur).

Médaille d'argent.

M. Michel et Cie, à Sablé (Sarthe).

CHAUX.

Mentions honorables hors concours.

MM. Gerbault, à St-Berthevin (Mayenne).
Foucault, à Changé près Laval.

MEULES.

Mentions honorables hors concours.

MM. Perrigault et Cie., à Rennes,
Brisgault frères, à Cinq-Mars-la-Pile (Indre-
et-Loire).

Médaille d'argent.

M. Riby Pierre, à Angers.

Mentions honorables.

MM. Crinière, à Vilaine-la-Gonais (Sarthe).
Drouault C., au Thurrault, commune de
Coussay-les-Bois (Vienne).
Leveau-Baudry, à Vilaine-la-Gonais (Sarthe).
Rondeau et Chauveau, à la Ferté-Bernard
(Sarthe).

TUFFEAUX ET RAIRIES.

Mention honorable.

M. Bouhours Victor, à Avesnières, près Laval.

DEUXIÈME CLASSE.

MACHINES

Mention très-honorable hors concours

M. Brethon, serrurier-constructeur à Tours.

Mention honorable hors concours.

M. Gaieswki, à Corbeil (Seine-et-Oise).

Médaille d'or.

MM. Renaud Paul et Adolphe Lotz, à Nantes.

Rappel de la médaille d'or de 1852.

M. Lotz fils aîné François-René, à Nantes.

Médaille de vermeil.

M. Praud François, à Laval.

Médailles d'argent première classe.

MM. Lisambart de Lescure, né à Fougères ingé-,
nieur-mécanicien à Paris.
Bonnefond, ingénieur civil à Laval.
Marionneau François, de Fougères.
Gontier Alexis, mécanicien à Avenières.

Médailles d'argent.

MM. Pineau, mécanicien à Laval.
Godivier Désiré, au Mans (Sarthe).
Rohée frères, au Mans (Sarthe).
Chalopin Michel-Séverin, à la Chapelle-St-
Denis (Seine).
Bernard fils, à Rennes.
Duval Auguste, à Paris.

Médailles de bronze.

MM. Hervé Armand, au Mans (Sarthe).
Dupré, mécanicien à Château-Gontier.

Mentions honorables.

MM. Joniaux Armand, au Mans (Sarthe).
Jégu, à Craon (Mayenne).
Clenet Ch.-F., constructeur-mécanicien à
Mayenne.
Lebeu Michel, à Ste-Marie (Evron).
Roger, à Château-Gontier.
Baillargeon Pierre, à Rennes.
Le Jury a regretté de ne pouvoir faire fonction-
ner, ni par conséquent apprécier les machines de
M. Baillargeon, l'exposant n'ayant pas envoyé l'ar-
bre indispensable pour les mettre en mouvement.

TROISIÈME CLASSE.

CAROSSERIE.

Médailles d'argent.

M. Paris Pierre, à Laval.
Godeby P.-Jean, à Rennes.

(169)

Médailles de bronze.

MM. Chauvellier P., à Angers.
Nouet Jean, au Mans.

Mentions honorables.

MM. Joubart fils Edouard, au Mans.
Panvert Elie, à Sablé (Sarthe).
Trottier Joseph, à Château-Goutier.
Gaiddon, à Rennes.

QUATRIÈME CLASSE.

FONTE, MOULAGE, TOLERIE, CHAUDRON-NERIE, SERRURERIE, etc.

Rappel de la médaille d'or qui lui fut décernée
en 1852.

M. Roussel Jules, aux forges d'Orthes (Mayenne).

Ont été récompensés comme coopérateurs de M. Roussel :

Médaille d'argent.

M. Godet Auguste, premier commis de fabrication.

Médailles de bronze.

MM. Cossé Julien, mouleur.
Jacques Sennequin dit Georges, mouleur de
poterie.
Héron Edouard, forgeron mécanicien.

Médailles d'argent de première classe.

MM. Guillet, à Rennes.
Bienvenu frères, à Conneré (Sarthe).
Loefler, au Mans (Sarthe).
Doré Chevé et Cie, au Mans (Sarthe).

Médailles de bronze.

MM. Douillet Charles, à la Magdeleine, près Dinan
(Côtes-du-Nord).

Georges Pierre-François, au Mans (Sarthe).
Levant, serrurier à Laval.

Mentions honorables.

MM. Boyer F. , à Laval.
Braiteau Auguste, au Mans.
Doin , à Craon (Mayenne).
Garry F. , à Forcé (Mayenne).
Barra , serrurier à Laval.
Gaudin Félix , ferblantier à Sablé (Sarthe).
Macé , forgeron à Laval.
Leclerc F. , maréchal rue Joinvile à Laval.
Rousseau , maréchal à Laval.

CINQUIÈME CLASSE.

COUTELLERIE.

Médailles d'argent.

MM. Planiol Amand , de Nantes.
Péan Joseph , à Château-Gontier.

Mentions honorables.

Mme veuve Chemin et M. C. Chemin , au Mans.
MM. Dubois Victor , rue de Rennes à Laval.
Préel-Raux , au Mans.
Samson Arsène-Isidore , à Rennes.

ARQUEBUSERIE.

Médailles d'argent.

MM. Portalier , à St-Malo (Ille-et-Vilaine).
Salles Félix , à Laval.
Leclerc Le Faucheur , à Mayenne.

Rappel de médaille de bronze.

M. Baudry Auguste , à Laval.

Médaille de bronze.

M. Brichet Alphonse, à Nantes.

SIXIÈME CLASSE.

TERRERIE ET CÉRAMIQUE.

Médaille de vermeil.

M. Viot Julien, aux Agèts, commune de Saint-Brice (Mayenne).

Médailles d'argent première classe.

MM. Goubin R., à Daoulas (Finistère).
Pilard René, et Coignier, à Nantes.
Blanc Auguste, à Avenières, près Laval.

Médaille d'argent.

M. Drouilleau Louis, à Changé, près Laval.

Médailles de bronze.

MM. Primault Adrien, à Evron (Mayenne).
Bourbon Jean-Paul, à Gesnes (Mayenne).
De La Hubaudière et Cie, à Quimper (Finist.).
Sigoigne F., à Thévalles, près Laval.
Rappel de la médaille de bronze de 1852.
M. Lepannetier Etienne, à Thévalles, près Laval.

Mentions honorables.

MM. Pannetier Auguste, à Thévalles; près Laval.
Tarondeau Tell, à Laval.
Esnoul Alcide, fils aîné, près Dol Ille-et-V.).

SEPTIÈME CLASSE.

CONSTRUCTIONS.

Médaille d'argent première classe.

M. Trottier frères, Schweppé et Cie., à Angers.

Médailles d'Argent.

MM. Favre dit La Douceur, plafonneur à Meslay,
Causard et Chaussonnet, plafonneurs à Laval.

Médailles de bronze

MM. Dufour, à Angers.
Rebour, à Laval.
Choplain Louis, au Mans.
Coudé Charles, à Rennes.

Mention honorable.

M. Cochon-Goupy, à Mayenne.

Quatrième Section.

M. Toutain, président de la chambre de commerce et du conseil des prud'hommes, membre du conseil d'administration de la Société de l'Industrie, président. M. Th. Veillard, rapporteur.

PREMIÈRE CLASSE. — CHAPITRE 1er.

FILATURES. — COTON.

Médaille d'or.

M. Leyherr Charles, filateur à Bootz près Laval.

Rappel de médaille d'or.

MM. T. Mercier et Cie, à Brives (Mayenne).

Médaille d'or.

MM. H. Porteu frères, à Rennes, filateurs et fabricants.

Médaille d'argent grand module.

MM. Richer, Levêque et Terry, à Alençon.

Médaille d'argent.

M. F. Deschamps, à Cholet (Maine-et-Loire).

Médaille de bronze.

MM. Delente frères, à Oisseau (Mayenne).

Mentions honorables.

MM. Dugas, marchand de graines à Laval.
Lardeux-Guillet, à Craon (Mayenne).

Gallet frères , de Flers.
Bailly-Blanchard , à la Nouvelle-Orléans.
Davillier frères, Sanson et Cie , à Gisors (Eure).
Filature anonyme d'Ourscamp (Oise).
Guillouet fils aîné, à Condé-sur-Noireau.
Hartog frères, au Petit-Quevilly près Rouen.
Jarriel , à Guibray.
Lucas, de Courcelles.

PREMIÈRE CLASSE. — CHAPITRE II.

CORDERIE.

Médaille d'or.

MM. Leclerc frères , à Angers.

Médaille d'argent grand module.

M. Martinet Jean, à Château-Gontier.

Mention honorable.

M. Carré Julien , à Laval.

DEUXIÈME CLASSE.

TISSUS DE FIL.

Médailles d'argent grand module.

MM. Champion, fabricant à Rennes.
Billon fils , à Fresnay (Sarthe).

Médailles d'argent.

MM. Rousseau Paul, à Fresnay (Sarthe).
Desbois-Richard , à Angers.
Mansey-Gontier , à Avenières.
Blanchard , à Sillé-le-Guillaume.

Médailles de bronze.

MM. Fourneau frères, au Mans.
Georgeaut fils , à Fougères.

Mentions honorables.

MM. Grassin frères, à Angers.
Renout Pierre, à Fresnay.
Arnoult et Caty, à Amiens.

TROISIÈME CLASSE.

TISSUS DE COTON.

Rappel de médaille d'or.

Mme veuve Horem et Denis aîné, à Fontaine-Daniel.

Mentions honorables à des maisons dont les établissements sont situés dans des départements hors concours.

MM. Salah-Ben-Ben-Sedira, caïd des Beni-Amram, à Djidjelly (Algérie).
Fayot et Pierrefeu, à Thisy (Rhône).

QUATRIÈME CLASSE.

TISSUS DE LAINE.

Médaille d'or.
M. Thubert-Perrin, à Fougères.

Médaille d'argent.
M. Guiller Prosper, à Saint-Denis-les-Ponts (Eure-et-Loire).

Médaille de bronze.
M. Bauchet, à Rennes.

CINQUIÈME CLASSE.

BLANCHIMENT, TEINTURE ET APPRÊTS.

MM. Vetillard frères, au Mans.
Nous regrettons que la présence de M. Vetillard dans le jury empêche cette honorable maison de prendre part au concours.

Nous devons cependant leur rendre justice et mentionner la médaille d'argent obtenue à notre Exposition de 1852.

Médaille d'argent grand module.

MM. E. Lecoute, à Morlaix.
    Boissel jeune, à Laval.

Médaille d'argent.

MM. Dominique et Manseau, à Laval.

Médaille de bronze.

M. Turpin, à Montaudin (Mayenne).

Mentions honorables.

MM. Petel et Lefevre, à Darnetal près Rouen.
    Deshaies Félix, à Carneille (Orne).

SIXIÈME CLASSE.

TAPIS, BONNETERIE, BRODERIE, PASSE-MENTERIE ET DENTELLES.

Médaille d'or.

M. Lecomte Charles, né à Laval, chevalier de la légion d'honneur, résidant à Paris.

Médailles d'argent grand module.

MM. Barbot, passementier à Laval.
    Coignard et Ferron, à Laval.
    Giton-Lefranc, à Rennes.

Médaille de bronze.

M. Jourdain, au Mans.

Mentions honorables.

Mme Leroy, propriétaire au Mans.
Mlle Victoire Lefort, à Evron.

SEPTIÈME CLASSE.

INSTRUMENTS, MACHINES ET MATÉRIEL

Pour la fabrication des tissus.

Médaille d'argent.

M. Guerrier, tisserand à Mayenne.

Médailles de bronze.

MM. Moreau Eugène, à Andouillé.
Lecomte Ferdinand, à Nuillé-le-Jallais (Sarthe).
Bâtard-Brisset, à Fougères.

Rappel de médaille de bronze.

M. Bordeau, à Mayenne.

Mentions honorables.

MM. Bâtard Jean, de Laval.
Derault Léon, tourneur à Laval.
Lecomte Armand, au Mans.
Planchais, menuisier à Laval.
Gautrain Toussaint, de Laval.
Derault Prosper, tourneur à Laval.

Sur le rapport et conformément aux conclusions de M. Marcel Vetillard, du Mans, faisant partie du jury de la 4e section, le conseil d'administration de la Société de l'Industrie de la Mayenne a décerné une médaille d'or à MM. les fabricants de Laval qui ont exposé collectivement une certaine quantité de tissus sortant de leurs ateliers, et a décidé que cette médaille et le brevet qui doit l'accompagner, mentionnant les noms desdits fabricants, seront déposés dans la chambre de commerce de la Mayenne, en commémoration de l'Exposition régionale de Laval en 1857.

Cinquième Section.

M. Gasté, président.

M. Jules Dours, rapporteur.

Industries spécialement fondées sur l'emploi des agents physiques et chimiques et se rattachant aux sciences ou aux professions savantes.

M. Perrigault ayant accepté les fonction de juré, la commission regrette de ne pouvoir que mentionner les plans de son nouvel appareil de meunerie nommé thermo-aspirateur.

PREMIÈRE CLASSE.

Production et emploi économiques de la chaleur et de la lumière.

§ 1. *Production et emploi de la chaleur dans l'économie domestique et dans les arts. Fourneaux économiques, etc.*

Médailles de vermeil.

MM. Joniaux frères, à Laval.
    Jusseaume, à Nantes.

Médailles d'argent deuxième classe.

MM. Giugni, à Laval.
    Langlois, à Laval.

Médailles de bronze.

MM. Boutin-Samson fils, à Saumur.
    Horvius, à Saint—Malo.
    Michel, fumiste à Rennes.

§ 2. *Eclairage, bougies, chandelles, huiles, etc.*

Médaille de vermeil.

MM. Belhommet frères, à Landerneau.

Médaille d'argent première classe.

M. Granger-Genesley, à Laval.

Médailles de bronze.

MM. Allard et Micault, à Laval.
    Fournier, à Laval.

12

§ 3. *Production de la lumière dans les fêtes publiques.* — *Illuminations.* — *Pyrotechnie.*

Médailles de bronze.

MM. Chéry, artificier à Laval.
Lebouc, à Saint-Georges-de-Reintembault (Ille-et-Vilaine).
Vaidye dit Ciron fils, au Mans.

DEUXIÈME CLASSE.

Préparation et conservation des substances alimentaires.

§ 1. *Farines, fécules, pâtes, procédés de mouture, de panification.*

Mention honorable hors concours.

M. Raboisson, à Bordeaux.

Médaille de vermeil.

M. Paisant fils, à Pont-Labbé-Lambour (Finistère)

Médaille d'argent première classe.

MM. Fayon, à Rennes.
Valiot, de Nantes.

Médaille d'argent deuxième classe.

MM. Baligand jeune et Lory, au Mans.

Médaille de bronze.

MM. Guillotaux frères, à Lorient.

Mentions honorables.

MM. Le Bleis fils, à Pont-Labbé-Lambour (Finistère).
De Renancourt, à Nantes.
Serru, à Laval.

§ 2. *Préparation et conservation des boissons.*

Mentions honorables hors concours.

MM. Bruley-Desvarennes, propriétaire à Vouvray (Indre-et-Loire).
Belicard, à Montmartre.

Mentions honorables.

MM. Bolognesi, à Saumur.
Lesourd-Delisle, à Angers.
Libaud-Bréchet, à Thouars (Deux-Sèvres).

(179)

§ 3. *Conserves alimentaires.*
Médaille d'argent première classe.
M. Charbonnel , à Rennes.
Médaille d'argent deuxième classe.
MM. Caillo , au Croisic.
Cornillier, P. Chauveau et Cie , à Nantes.
Médaille de bronze.
M. Salomon aîné , au Mans.

§ 4. *Produits de la Confiserie et de la Distillerie.—*
Liqueurs.
Médaille d'argent première classe.
MM. Braouezec frères , à Morlaix.
Rappel de la médaille d'argent de 1852.
M. Combier-Destre , à Saumur.
Médailles d'argent deuxième classe.
MM. Ohry et Régulier , à Angers.
Cointreau frères , à Angers.
Ménier , à Saumur.
Mention honorable.
M. Le Mort , à Château-Gontier.

§ 5. *Chocolats et substances alimentaires diverses.*
Médaille d'argent deuxième classe.
M. Dubreuil , à Brest.
Médailles de bronze.
MM. Deveaux , à Laval.
Benier , au Mans.
Priou , à Angers.
Mentions honorables.
MM. Lebec , à Nantes.
Fontana , à Laval.

TROISIÈME CLASSE.

Arts chimiques.

§ 1. *Produits chimiques et matières tinctoriales.*
Mentions honorables hors concours.
MM. Coignet père et fils, à Paris et à Lyon.
Renard , à Paris.

Médaille d'argent première classe.

M. Moride , à Nantes.

Médailles de bronze.

MM. Grignon, à Nantes.
Plattier, à Laval.

§ 2. *Colles , savons , corps gras , parfumerie , vernis ,
cirages.*

Rappel de médaille d'argent deuxième classe.

M. Renou , à la Quétrie (Maine-et-Loire).

Médailles de bronze.

MM. Degaigné et Cie , à Angers.
Foucher, à Rennes.
Béranger , au Mans et à Laval.

Mentions honorables.

MM. Morin , au Mans.
Prévost , à Bonnétable (Sarthe).

QUATRIÈME CLASSE.

Cuirs et peaux.

Rappel de médaille d'or.

M. Costé-Tafforeau , à Laval.

Médaille de bronze.

M. Boulé, coopérateur de M. Costé.

Médailles de vermeil.

MM. Leroux, à Rennes.
Albert-Havard , à la Flèche.
Roux et Moride ; à Nantes.

Médaille d'argent première classe.

M. Latouche Roger fils, à Avranches, membre de la
société de l'Industrie de la Mayenne.

Médailles d'argent deuxième classe.

MM. Chalmel, à Rennes.
Leproux Vérité, au Mans.

Rappel de médaille de bronze.

M. Bossé, à Châteaubriant.

Médailles de bronze.

MM. Barrabé et Dorêt, à Rennes.

Benoit, à Angers.
Vannier, au Mans.
Maugin, au Mans.
Lhomer, à Mayenne.
Martin, à Lassay.
Laurent-Grié, à Laval.
Thouin, au Mans.

Mentions honorables.

MM. Bazile, à Châteaubriant.
Gandon, à Fougères.
Buffard, à Meslay.
Guétron, à Craon.

CINQUIÈME CLASSE.

Papeterie, imprimerie, lithographie et reliure.

§ 1. *Papiers et cartons.*

Mention honorable hors concours.

M. Jarry, à Saint-Vincent-de-Blanzat, près Clermont-Ferraut.

Médailles d'or.

MM. Lanos, à Saint-Appollonie, près Laval.
Blanchard-Descrances, à Entiers (Vendée).

Médaille de bronze.

Mme veuve Chaloigne dite Janvier-Dinocheau, au Mans.

Mention honorable.

M. Dineau-Lagroie, au Mans.

§ 2. *Calligraphie, dessin topographique.*

Médaille de bronze.

M. Beauvais, à Laval.

Mention honorable.

M. Landelle Zacharie, de Laval.

§ 3. *Imprimerie et Lithographie.*

Médaille de vermeil.

M. Charpentier fils, à Nantes.

Rappel de médaille d'argent de première classe.

M. Oberthur, à Rennes.

Médaille d'argent de première classe.

M. Morice, à Laval.

Médailles d'argent de deuxième classe.

MM. Lecerf frères, à Angers.
Mme veuve Pottin, à Nantes.

Médaille de bronze.

M. Barrassé, à Angers.

§ 4. *Reliures.*

Mention honorable hors concours.

M. Gayet, à Paris.

Médaille d'argent de deuxième classe.

M. Pinot-Barrier, au Mans.

Médaille de bronze.

M. Lepeltier., à Laval.
Genouël, à Laval.

Mention honorable.

Thevenin, au Mans.

SIXIÈME CLASSE.

Hygiène, pharmacie, médecine et chirurgie.

Mention honorable hors concours.

MM. Mondollot frères, à Paris.

Médaille d'argent première classe.

M. Laigniez, à Laval.

Médaille d'argent denxième classe.

M. Pellier, à Laval.

Médaille de bronze.

M. Marchand, à Laval.

Mention honorable.

M. Mahier, à Château-Gontier.

SEPTIÈME CLASSE.

Arts de précision. — Instruments et appareils destinés aux sciences
et à l'enseignement.

§ 1. *Instruments de mesurage, de mathématiques et de physique.*

Médaille d'argent première classe.

M. Dunial, au Mans.

(185)

Médailles de bronze.

MM. Tallois, à Avenières.

Mention honorable.

M. Dartige, à Laval.

§ 2. *Horlogerie et Gnomonique.*

Mention honorable hors concours.

M. Gaïewsky, à Corbeil.

Médailles d'argent deuxième classe.

MM. Baussan, à Saint-Denis-d'Anjou (Mayenne).
David-Lucet, au Mans.

Médailles de bronze.

MM. Marolleau, à Angers.
Blavier, à Angers.
Racapé, à Rennes.

§ 3. *Ouvrages, cartes, collections, etc., destinés à
l'enseignement et aux sciences.*

Médaille d'argent de deuxième classe.

M. Heslot, instituteur à Javron (Mayenne).

Mention honorable.

M. Le Sassier, à Durtal (Maine-et-Loire).

Sixième Section.

M. Descepeaux père, président.

M. Ernest Allouel, rapporteur.

PREMIÈRE CLASSE.

MENUISERIE ET ÉBÉNISTERIE.

§ 1. *Menuiserie. Billards et Parquets.*

Grande médaille d'argent.

M. Diot-Gilmat, au Mans.

Médaille d'argent de deuxième classe.

M. François Le Guay, à Nantes.

Mentions honorables.

MM. Reboursier, menuisier à St-Denis-d'Anjou.
De St-Paul, de Thorigné.

Mention honorable hors concours.

MM. Degaigné et Cie.

§ 2. *Meubles et objets d'ébénisterie et de chaiserie.*

Petite médaille d'argent.

M. Gourdellier , menuisier-ébéniste à Laval

Rappel de médaille de bronze.

M. Louis-Jean Lalbin , à Angers.

Médailles de bronze.

MM. Julien Bâtard , de Laval.
Martin frères , de Laval.
Bertin-Lamare , au Mans.
Isidore Allain , à Rennes.

Mentions honorables.

MM. Gaudray , à Sablé.
Berson , menuisier à Entrammes.

§ 3. *Ouvrages en bois sculpté , marqueterie.*

Médaille de vermeil.

M. Cornevin , à La Flèche.

Mentions honorables.

MM. Léopold de Bodard , propriétaire à Craon.
Le Chat , desservant à Neuvillette en Charnie.
Pieau , docteur-médecin à Meslay.

DEUXIÈME CLASSE.

*Objets de décoration et d'ameublement en autres ma-
tières que le bois.*

Petites médailles d'argent.

MM. Blanchoin , ouvrier employé par la Compagnie
Marbrière du Maine.
Henri Bouhours , à Laval.

Médailles ds bronze.

MM. Brindeau , à Laval.
Joseph Croissant , à Laval
Les ouvriers sculpteurs de la maison Landeau ,
Noyer et Cie , à Sablé , comme coopérateurs

(185)

Les ouvriers sculpteurs de la maison Michel et
Cie, à Sablé, comme coopérateurs.
Poirier, au Mans.

Mentions honorables.

MM. Choplain, au Mans.
Buineau, serrurier à La Flèche.

TROISIÈME CLASSE.

*Industrie du tapissier, du doreur et du peintre en
décors.*

Mention honorable hors concours.

M. St-Lager, à Paris.

Petites médailles d'argent.

MM. Aristide Gazel, à Laval.

Gervais Gazel, à Laval.
Pépin, à Laval.

Médailles de bronze.

MM. Auguste Biais, à Laval.
Joseph Hérault, à Laval.
Camille Rubert, à Angers.

Mention honorable.

Jaffré, à Lorient.

QUATRIÈME CLASSE.

Papiers peints et stores.

Grandes médailles d'argent.

MM. Savary, né à Château-Gontier.
E. Hermant, à Rennes.

Mention honorable.

M. Lastenet, à Lorient.

CINQUIÈME CLASSSE.

Industrie de luxe, Orfèvrerie, Bronzes d'art.

Rappel de médaille d'argent.

M. Charles Guérin, à Laval.

Mentions honorables hors concours.

MM Christofle et Cie , à Paris.
Buxton et Russell , à Sheffield (Angleterre).

SIXIÈME CLASSE.

Meubles et ornements pour le service du culte.

Mentions honorables hors concours.

MM. Auguste Lemoine fils aîné , à Paris.
Solon, à Paris.

Médailles de vermeil.

MM. Blottière , au Mans.
Le Moine père , Félix et Henri Le Moine , à Nantes.

Grande médaille d'argent.

M. Foubert , à Champgeneteux.

Médailles de bronze.

MM. Rouxel-Ledain , à Rennes.
Deroche , à Rennes,

Mention honorable.

M. Folie , à Rennes.

SEPTIÈME CLASSE.

Objets et ustensiles de ménage , Vannerie , Brosserie.

Médailles de bronze.

MM. Charles Brelay , à Usseau.
Galot , à Laval.

Mention honorable.

M. Amiot , au Mans

HUITIÈME CLASSE.

Habillements de femmes , modes , lingeries , corsets.

Rappel de médaille de bronze.

Mlle Leneveu , a Nantes.

Médailles de bronze.

Mmes Guerin , à Rennes.

Maillet, au Mans.
Mlle Gachot, à Laval.

Mentions honorables

Mmes Le Breton, à Laval.
Clémentine Foucher, Laval.
M. Genestout, à Laval.
Mlles Delile-Nafrechou, Laval.

NEUVIÈME CLASSE.

Vêtements pour hommes.

Rappel de médaille d'argent.

MM. Edard frères, à Evron.

Petite médaille d'argent.

MM. Blum, à Laval.
Pineau-Boutreux, Angers.
Papion, Laval.
Henri Edard, Sillé-le-Guillaume.

Médailles de bronze.

MM. Bouhours-Gelin, à Laval.
Routier fils, à Laval.

Mentions honorables.

MM. Métayer, à Laval.
Boulay, à St Denis-de-Gastines.
Meignan, à Chemeré-le-Roi.

DIXIÈME CLASSE.

Chaussures, guêtres et ganteries.

Rappel de la grande médaille d'argent.
M. Savary, à Château-Gontier.

Grande médaille d'argent.
M. Foucouin, à Laval.

Rappel de la petite médaille d'argent.
MM. Simon, à Laval.
Candy, à Laval.

Petites médailles d'argent.
MM. Morenne frères, à Montsûrs.
Deffay, à Paris.

Médailles de bronze.

Mlle Hortense Bellanger , à Mayenne.
MM. Le Nain , à Laval.
　　Le Masle frères , Laval.

Mentions honorables.

MM. Toquet , à Laval.
　　Gourdellier , à Laval.
　　Beucher , à Laval.
　　Catesson , à Rennes.

ONZIÈME CLASSE.

Objets divers.

§ 1.

Mention honorable.

M. Germain , de Laval.

§ 2.

Petite médaille d'argent.

M. Beucher , à Laval.

Médailles de bronze.

MM. Laizé , à Laval.
　　Auguste Bélin , au Mans.

Mention honorable.

M. Beucher , à Paris.

§ 3.

Mention très-honorable hors concours.

M. Juhel , à la Maladrerie , près Caen.

Rappel de la médaille d'argent.

M. Jan , à Rennes.

Petite médaille d'argent.

MM. Crétal et Gallard , à Rennes.

Médailles de bronze.

MM. Guichard , à Rennes.
　　Greffier , ibid.

Mention honorable.

M. Maillet, au Mans.

— —

Huitième Section.

Président, M. Lefizelier père, vice-président de la Société.

Rapporteurs : M. Jules Lefizelier, pour les 1re, 2e, 3e, 4e et 5e classes.

— M. Edmond Savary, pour les 6e et 7e classes.

PEEMIÈRE PARTIE.

PEINTURE.

§ 1er. — *Peinture d'histoire et Portraits.*

Mention hors concours.

M. Ch. Landelle, né à Laval, chevalier de la Légion d'Honneur.

Médaille d'or.

M. Jobbé-Duval Félix, né à Carrhaix (Finistère).

Grande médaille d'argent.

M. Lucien Latouche, né à Mayenne.

Médaille d'argent deuxième classe.

M. Juliard, peintre à Nantes.

Médaille de bronze.

M. Morain, né à Morannes (Maine-et-Loire).

§ 2. — *Peinture de genre.*

Grande médaille d'argent.

M. Darcy, peintre à Rennes.

Médaille d'argent deuxième classe.

M. de Sarcus, peintre à Mayenne.

Mme Doutreleau, née Agathine d'Amsinck.

Médailles de bronze.

MM. Bijon, né à Napoléonville (Morbihan).
Roy Félix, peintre à Rennes.
Vaumort, peintre à Rennes.

§ 3. — *Paysage.*

Médaille d'or.

M. de Curzon, né à Poitiers (Vienne).

Grande Médaille d'argent.

MM. d'Andiran, peintre à Nantes.
Marionneau, de Nantes.

Médaille de bronze.

M. de Cock, professeur de dessin à Saumur.

Mentions honorables.

Mme Drake, à Angers.
M. Blin, peintre au Mans.

Grande médaille d'argent.

Mlle Hautier, née à Rennes.

Médailles de bronze

MM. Verdier, docteur-médecin au Mans.
Amiel, peintre à Saint-Malo.
Jobbé-Duval Auguste.

Mention honorable.

M. Dugasseau, conservateur du musée au Mans.

§ 5. — *Dessins, Aquarelles et Pastels.*

Grandes Médailles d'argent.

MM. Suan, peintre au Mans.
Messager Jean-Baptiste, peintre à Laval.

Médailles d'argent.

MM. Tom Drake, peintre à Angers.
Danloux, lieutenant de chasseurs au Mans.

(191)

Médaille de bronze.

M. Bazin , né à Rennes.

Mention honorable

M. de Riencourt , à Rennes.

§ 6. — *Miniatures et peinture sur porcelaine.*

Grande médaille d'argent.

Mme Hortensius de Saint-Albin, née à Mayenne.

Médaille d'argent.

Mme Roy, peintre à Rennes.

Médaille de bronze.

M. de Montzey, à Foulletourte (Sarthe)

§ 7. — *Pëinture de décoration.*

Médaille d'argent.

M. Alphonse Burette , né à Laval.

DEUXIÈME CLASSE.

SCULPTURE.

Mentions hors concours.

MM. Jean-Baptiste Debay, né à Nantes.
Lanno , né à Rennes.

Médailles de vermeil.

MM. Chardon , né à Andard (Maine-et-Loire).
Grootaërs , né et demeurant à Nantes (Loire-
Inférieure).

Grande médaille d'argent.

M. Taluet , né à Augers (Maine-et-Loire)

Médaille d'argent.

M. Damiens , né à Saint-Germain-d'Arci (Sarthe).

Médailles de bronze.

MM. Bouriché Henri , né à Chemellier (Maine-et-
Loire).
Lechesne Auguste, né au Mans (Sarthe).

Roux Julien, élèvé de l'école des Beaux-Arts d'Angers.

DEUXIÈME DIVISION. — *Figurines.*

Grande médaille d'argent.

M. Gourdel Pierre, sculpteur à Rennes.

Médaille de bronze.

M. Hernot Yves, à Lannion (Côtes-du-Nord).

TROISIÈME CLASSE.

Gravures. — Lithographies.

Médaille d'argent.

M. Sauvage Napoléon, né à Gorron (Mayenne).

Médaille de bronze.

M. Benoist Félix, dessinateur-lithographe de la maison Charpentier de Nantes.

QUATRIÈME CLASSE. — *Architecture.*

Avant de récompenser les projets d'architecture soumis à son appréciation, le jury veut hautement témoigner son admiration pour la savante décoration qui est venue, cette année, compléter nos galéries de l'Industrie et contribuer si puissamment à la beauté de notre deuxième Exposition régionale. Nous ne sommes que l'interprête du sentiment général en remerciant M. Renous, auteur de ce projet de décoration, et M. Pont, architecte-voyer de la ville, qui est venu lui prêter un puissant concours dans l'exécution de ce travail.

Le jury n'a pas cru trop faire en votant, à l'unanimité, une *médaille d'or* à M. Renous.

Médaille d'argent.

MM. Darcy Denis, architecte de la ville du Mans.

Chomereau, professeur de dessin à Laval.

CINQUIÈME CLASSE. — *Vitraux peints.*

Médaille de vermeil.

M. Denis Eugène, peintre-verrier à Nantes.

(195)

Grande médaille d'argent.

MM. Chatel et Leblond, au Mans.

Rappel de la grande médaille d'argent décernée
en 1852.

M. Fialeix, peintre au Mans.
Médaille de bronze, comme coopérateur.

M. Marcellin, ouvrier verrier chez M. Fialeix depuis long-temps.

SIXIÈME CLASSE. — *Photographie.*

Médaille d'argent.

MM. H. de La Blanchère, né à la Flèche (Sarthe).
Berthault, photographe à Angers.

Médaille de bronze.

Mme Disdéri, à Brest.

Mention honorable.

M. Gaumé, au Mans.

SEPTIÈME CLASSE. — *Lutherie.*

Médaille d'argent première classe.

MM. Bresseau et Gillet, facteurs à Angers.
Bachmann, facteur à Tours et Angers.

Médaille d'argent.

M. Bonnel jeune, luthier à Rennes.

Médaille de bronze.

M. Bressler fils, facteur de pianos à Nantes.

Mention très-honorable.

M. Gand, à Angers.

Mention hors concours.

M. Gand aîné, à Laval.

A différentes reprises, pendant ces appels, la
musique de la ville joue avec un entrain qui enthousiasme les auditeurs.

13

LOTERIE DE L'EXPOSITION.

L'exposition de Laval, en 1857, a prix rang dans les fastes de notre histoire locale par tout ce qu'elle a offert de magnificence, non seulement en l'exhibition des produits du génie agricole, manufacturier et artistique, mais aussi par ses fêtes qui ont émerveillé le monde parisien lui-même.

Laval, naguère encore si dédaignée même de ses propres enfants, assez aveugles et assez ignorants pour ne pas savoir ce que valait leur mère, Laval, dont les étrangers écoutaient prononcer le nom avec une sorte d'étonnement comme quelque chose d'ignoré et d'inconnu au pays de France, Laval a donc enfin forcé la renommée à s'occuper d'elle et à raconter aux plus grandes villes comme au plus petit hameau de France les merveilles que sait enfanter le patriotisme de ses fils

Déjà, lors de l'inauguration du chemin de fer de Rennes, n'a-t-on pas entendu, du sein de la presse de la capitale même la plus adonnée à la critique, s'élever un concert de salutations amicales à l'aspect de cette cité trop méconnue qui apparaissait aux regards de tous les voyageurs, comme une féerique vision au sein d'une immense corolle d'émeraudes.

La capitale n'a-t-elle pas, à la vue de nos fêtes, laissé échapper ce cri d'admiration :

« Laval, dans ses fêtes, a reproduit un évènement de son histoire avec un goût et une magnificence qui ont complètement effacé l'éclat de nos défilés scéniques les plus pompeux. »

Plus tard, un écrivain de la presse parisienne, ne s'est-il pas, à l'occasion d'un concert improvisé dans notre palais de l'Industrie, fait l'écho de tous les étrangers en traçant ces lignes :

« Une ville qui , comme celle de Laval , sait , au pied levé , à l'heure la plus fantaisiste , au moment le plus imprévu , trouver dans ses murs les éléments d'un concert (et d'un vrai concert , j'éprouve le besoin de le dire), a le droit de se compter au nombre des cités les plus artistiques, et la petite fête musicale qui s'est organisée , comme par enchantement, jeudi dernier (24 septembre), au milieu des produits de son industrie, donne du reste mieux la mesure du talent de ses artistes qu'un festival minutieusement combiné et dès-longtemps préparé. »

Grâces en soient rendues à Dieu , un jour lumineux arrive enfin pour notre ville. — La France entière ne tardera pas à lui rendre la justice qui lui est dûe , car Laval se débarrasse des ombres derrière lesquelles la tenaient ensevelie le mauvais vouloir et l'ignorance. Bientôt son nom éclipsera celui de bon nombre de villes plus considérables.

Si les mœurs paisibles de ses habitants n'offrent point le spectacle d'une civilisation toute de bruit et d'éclat , du moins se distingue-t-elle par son goût pour le progrès simple , vrai et solide, par son amour des arts et des œuvres du génie , devant lesquels elle a ouvert un *Palais* où elle les entoure de toutes les splendeurs que peut accorder une princière hospitalité.

Ah ! merci aux jeunes hommes dont les sentiments se sont élevés à la hauteur de l'antique gloire de notre cité et des magnifiques destinées qu'un réel patriotisme peut seul préparer et obtenir.

C'est dans ce même but et afin de clore par une noble action l'exposition de Laval que MM. les membres de la sociéte de l'Industrie ont créé , au profit des malheureux , une loterie dont le tirage doit avoir lieu le 1er décembre prochain.

Une foule d'objets ont été offerts, dans cette intention, par des exposants ; quelques autres ont été cédés à des prix minimes.

Pour exciter la bonne volonté de chacun, les billets de cette loterie ont été cotés à 50 centimes l'un. Six mille billlets environ ont été pris par des personnes amies de l'Exposition ; deux mille ont été laissés au bénéfice des établissements de bienfaisance.

Pouvait-on résister à la tentation en présence des divers objets faisant partie de la loterie, notamment de ce charmant tableau des *jeunes ouvrières* fait pour honorer et le boudoir de la grande dame et la chambrette de la journalière. A la première il dit : Ne suis-je pas une bonne pensée pour l'asile de la fortune où nul n'est tenu au travail pour vivre. A ma vue, on comprend combien est noble et pure la soumision du cœur de l'honnête fille qui ne craint ni la fatigue ni les veilles pour gagner son pain de chaque jour. Rien n'est plus admirable et plus suave à contempler que la sainte résignation au travail. A la seconde il dit : Vois comme tu es belle quand tu gagnes honnêtement ce qui est nécessaire à ta vie et à ta parure. Si la fatigue flétrit tes traits, elle les embellit aussi d'une expression qui exalte l'esprit et le cœur. Charmante fille, tu es aussi ravissante qu'un ange, quand, vaincue par des heures de labeur, le sommeil clôt forcément tes paupières sur ton ouvrage inachevé.

A côté du tableau des *jeunes ouvrières* les amateurs rencontraient avec plaisir les *casseuses de pierre*, le *petit paresseux* et surtout le *déjeûner* de Mme Doutreleau, les *deux amis* de M. Darcy et beaucoup d'autres tableaux et dessins, gouaches et aquarelles représentant des paysages, des épisodes de la guerre de Crimée, des monuments, des scènes champêtres.

Plusieurs petites statuettes en terre plastique de M. Gourdel, de Rennes, excitaient également l'envie des visiteurs, Cet artiste en effet rend avec une vérité saisis-

sante la physionomie des bonnes ou des mauvaises natu-
res , soit , pour ne citer que cela , sous le froc du *religieux méditant sur la croix* , ou sous les haillons
du *mendiant vagabond* , soit dans l'expressive tristesse
de *l'aveugle et son chien* , ou dans l'âpre attention de
jeunes *bohémiens jouant aux cartes* ; ses statuettes
apparaissaient aux yeux de chacun comme autant de
petits chefs-d'œuvres d'études.

Venait ensuite un étalage de liqueurs au nombre de
150 à 160 litres ; — une collection de coutils pour
pantalons ; — une collection de papiers ; — un tarare
de M. Lotz ; — des socs de charrues ; — une table en
marquetterie ; — des médaillons ; — des boîtes de cou-
teaux garantis pour ne pas jaunir, à viroles en argent ,
lames en acier fondu , du prix de 15 fr. l'un ; — vases
en fonte ornementés ; — une baignoire économique ;
— des poteries de toutes sortes ; — des boîtes de sardi -
nes ; — des broderies ; — des dentelles , etc.

Nous devons ici des remerciments à M. Charles
Lecomte, notre compatriote, ancien maire du 5me arrondissement de Paris , chevalier de la Légion-d'Honneur , pour le riche envoi qu'il a fait à la loterie de
l'Exposition.

Cet envoi formait *soixante-six* lots composés
de pointes, cols, manchettes, voilettes et garnitures de
dentelles noires. Quoi de plus attrayant pour les dames !

L'activité intelligente de M. Charles Lecomte était
pour nous un sûr garant de sa générosité qui , on doit
le reconnaître , éclate ici d'une manière admirable. Nul,
d'ailleurs , n'en saurait être étonné. Celui qui a créé la
maison la plus importante de Paris pour la vente
des imitations de dentelles fabriquées au moyen des
métiers Leavers et Fuscher , dans le département du
Pas-de-Calais , qui occupe encore dans le seul département du Calvados plus de quatre cents ouvrières
brodeuses , spécialement occupées aux entourages

d'une partie des productions des métiers du Pas-de-Calais, celui-là, qui se fait bénir par tous ses ouvriers, devait se sentir et se montrer, comme il l'a fait, heureux de l'occasion qui se présentait à lui de témoigner combien il se souvenait avec amour de son pays natal et de ses compatriotes.

Outre l'envoi pour la loterie de l'Exposition de ses nombreux et jolits lots, M. Lecomte avait pris 200 billets.

C'est une dernière action de patriotisme et de plaisir à laquelle MM. les membres de l'Industrie de la Mayenne invitaient leurs compatriotes qui se sont empressés d'y prendre part, chacun selon ses moyens.

———

Nous apprenons que, dans une séance du conseil municipal, en date du 14 novembre 1857, M. le maire a proposé au conseil de voter des remercîments aux artistes exposants au dernier concours régional qui ont bien voulu enrichir nos collections par le don gratuit de leurs œuvres, et a prié le conseil d'exprimer de même sa gratitude à M. d'Evry, conservateur du musée, pour le choix intelligent et éclairé qu'il a fait pour la ville de divers tableaux, et particulièrement à M. Lefizelier père, vice-président de la Société de l'Industrie et président de la section des beaux-arts, qui, par ses démarches à Paris auprès de MM. les artistes et par sa correspondance avec eux, a déployé tant de zèle pour jeter de l'éclat sur la partie artistique de notre Exposition régionale, et qui a obtenu pour notre musée un grand nombre d'objets d'art augmentant son importance et contribuant à l'embellir.

Le conseil s'est associé unanimement à la proposition de M. le maire; tous les membres ont apprécié comme lui et la générosité de MM. les arlistes et le zèle de leurs concitoyens, et M. le maire a été chargé de transmettre l'expression de la gratitude du conseil :

1º A M. Lanno, pour le don qu'il a fait de la belle statuette du maréchal Brune ;

2º A M. Talluet, pour l'abandon généreux de la jolie statuette de saint Quentin, esquisse plâtre de la statue exécutée pour la tour Saint-Jacques, pour le don de différents autres bustes et de la grande et belle statue de Gilbert mourant ;

3º A Mme Hortensius de Saint-Albin qui cultive les arts avec tant de succès, pour le don gratuit d'un de ses charmants tableaux de fleurs et de fruits peints sur porcelaine ;

4º A M. Lechesne, pour le don gratuit fait par lui au musée de la ville du buste gracieux de sa jolie bretonne.

Enfin, M. le maire a été invité à exprimer à M. Lefizelier père et à M. d'Evry la reconnaissance et la gratitude du conseil.

M. Lanno, chevalier de la légion d'honneur et premier grand prix de Rome, auteur de la charmante statuette en marbre de la Vierge, qui a fixé l'attention du public à notre Exposition, et donateur au musée de la ville de la statuette du maréchal Brune, vient d'adresser à M. Lefizelier père la lettre suivante qu'il a bien voulu nous communiquer et que nous nous faisons un plaisir de publier, parce qu'elle intéresse notre cité et qu'elle est honorable pour celui qui l'a écrite et pour celui auquel elle a été adressée.

« Monsieur,

« J'ai reçu la médaille et le diplôme que la Société de la Mayenne m'a fait l'honneur de m'envoyer. Je vous prie, Monsieur, d'être mon interprète près d'elle en lui offrant mes remercîments.

(200)

« J'ai aussi reçu le buste de Montaigne dans un parfait état de conservation.

« Si la ville de Laval m'a fait don d'une médaille pour conserver le souvenir de son Exposition, je désire que la ville de Laval conserve le souvenir de ma reconnaissance. Je vais faire un ouvrage pour votre musée.

« J'ai l'intention d'exécuter un buste de grande proportion. J'y mettrai tous mes soins ; mais il faudrait que ce buste eût de l'intérêt pour tout le monde. Veuillez, Monsieur, me faire connaître le nom d'un des bienfaiteurs de notre pays ; tâchez de me procurer un portrait et je me mettrai à l'œuvre.

« Dans tous les cas, je vous prie de m'aider de vos conseils ; j'en tiendrai compte et je n'oublierai pas votre bienveillance et votre politesse pour moi.

« Si j'avais eu l'honneur de vous connaître plus tôt, je vous aurais donné pour votre musée de grands ouvrages que j'ai donnés à la ville de Lyon. Ce qui est différé n'est pas perdu.

« Adieu, Monsieur, continuez de protéger les arts dans notre pays où il y a de nobles cœurs et vous en recueillerez certainement la récompense.

« Recevez, Monsieur, l'assurance de ma haute considération.

« Signé LANNO.

« Paris, ce 18 novembre 1857. »

— M. Bouriché, d'Angers, élève de M. Barême et aujourd'hui sculpteur lui-même à Paris, avait envoyé à l'Exposition de Laval une statue en plâtre de l'*Immaculée Conception*, pour laquelle une médaille lui a été décernée et qu'il a mise à la disposition de Mgr Wicart. Le pieux prélat en a fait don à l'église de Notre-Dame de Laval.

(*Echo de la Mayenne.*)

Lith. Edouard Morice, Laval.

DES ARMOIRIES DE LAVAL.

Avant de nous livrer à une discussion raisonnée sur les armoiries de Laval, nous croyons utile de faire précéder cette discussion d'une petite étude préliminaire sur le blason en général.

D'abord, qu'est-ce que les armoiries?

Ce sont des signes en émaux ou en figures qui servent de marques d'honneur à une province, à une ville, à une famille, marques distinctives, symboliques, accordées ou approuvées par le Souverain en récompense des services rendus à la commune patrie.

L'usage des blasons ou écus est fort ancien ; cependant les règles du blason n'ont été suivies qu'après les croisades. Aussi, peu de familles auraient-elles pu, avant la Révolution, prouver leur descendance au-delà de six à sept siècles.

Avant le règne de Hugues Capet (987) les familles n'avaient point de surnoms et les armes n'étaient point héréditaires ; elles étaient armes de fiefs et attachées aux seigneuries.

Les armes de France étaient de cette sorte dès le règne de Charlemagne.

L'usage des *écus* ayant été depuis abandonné, on représenta les armes des villes et des familles dans un cadre qui a conservé la figure d'un écu et qu'on a appelé écusson.

Originairement, il n'y avait que les nobles, comme propriétaires de fiefs, qui eussent le droit d'avoir des armoiries. Mais le roi Charles V, par la charte de l'an 1371, ayant ennobli les Parisiens, il leur permit de porter des armoiries. Voyant cela, les plus notables bourgeois des autres villes de France se prirent à croire, non sans raison, qu'ils valaient tous les jours messieurs les Parisiens, et se donnèrent la jouissance de porter, eux aussi, des armoiries.

D'après ce qui précède, il y avait donc primitivement des armoiries attachées, comme propriété d'honneur et de gloire, aux provinces, aux villes, aux domaines ou fiefs, aux seigneuries, lesquelles devenaient les armes de ceux qui les acquéraient ou en étaient les chefs, sans pouvoir jamais être héréditaires toutefois dans une famille.

Plus tard, il y eut des armoiries de prétention, de succession, de dignité, d'alliance, de concession, de patronage et de famille; quelques-unes d'elles étaient héréditaires pour les aînés des familles seulement et aucunement pour les puinés qui ne pouvaient prendre les mêmes armes pleines. *Arma et insignia armorum nobilitatis penès primogenitum remanere debent.* (La Rocheflavin, des droits seigneuriaux).

Ajoutons maintenant, d'après les experts en cette matière, que

1° « Les armes les plus simples et les moins char-
» gées sont estimées les plus anciennes et les plus
» belles.

2° » Une règle générale dans le blason, c'est de ne
» mettre jamais métal sur métal, ni couleur sur cou-
» leur; autrement les armes sont ou fausses, ou cou-
» sues ou à enquerir. (Les armes de Jérusalem sont à
enquerir ou *enquerre*, parce qu'elles ont des *croix
d'or dans un champ d'argent*, et que conséquemment elles sont plus anciennes que les lois héraldiques).

3° » Les armes qui sont pareilles ne sont pas tou-
» jours pour une même maison, et celles qui sont dif-
» férentes ne sont pas nécessairement les marques de
» diverses familles.

4° » Les émaux et ensuite les fourrures sont des
» émaux plus nobles que les couleurs. Voilà pour-
» quoi, d'ordinaire, ils ont la place la plus hono-
» rable, c'est-à-dire la droite dans les écus partis. »

De quoi se compose le blason ?
De l'émail et de l'écu.

Que comporte l'émail ?
Deux métaux l'or et l'argent.

Puis ensuite cinq couleurs :

rouge ,   bleu ,   vert ,   noir ,   violet ,
ou   ou   ou   ou   ou
de gueules , d'azur , de sinople , de sable , pourpre.

Deux fourrures , hermines et vairs.

Quant à l'écu , il est plein ou divisé de six façons différentes : *parti*, *coupé*, *tranché*, *taillé*, *écartelé*, *écartelé en sautoir*.

Nous laisserons de côté ici les armoiries ornées de rebus et de dévises.

Ce préambule terminé , interrogeons maintenant nos anciens chroniqueurs Lavallois , et demandons leur quelles étaient les armoiries de la ville de Laval.

Ouvrons d'abord les *Cronicques du païs de Laval et parties circonvoysines* , de Guillaume Le Doyen , qui a renfermé l'histoire de son temps , depuis 1480 à 1538 , dans une simple inspiration poétique de près de sept mille vers. Voici tout ce qu'on y trouve touchant les armoiries de Laval :

« S'en suyt ci-après autre épitaphe dudit regraicté seigneur Guy XVI , composée à Angers par maître Danyel al Myton. »

  . . . .

     Noble Seigneur , pour déclairer *les armes* ,
     D'icelle ville , entens que les allarmes
     De Julius Cesar , tant renommé ,
     Fut empereur , premier Cesar nommé ,
     LAVAL estoit alors dicte *Dunelles* ;
     Lequel la print par armes solempnelles ;
     Mais ce ne fut sans être combattu :
     Après qu'il eut par ung mois debatu ,
     Il les vainquit en cruelle bataille :
     Et au conflict il recut mainte taille ,
     Dont il tomba , tant lui que son cheval.
     Lors mua nom DUNELLES en *Laval*.

> Et oultre plus, pour leur grant vaillantise
> Leur myst blason de sa propre dévise
> Qu'encores ont : C'est ung Lᴙᴏɴ *passant*,
> D'antiquité maint autre surpassant.

Voilà un écrivain angevin qui déclare très-nettement que les armes de la ville de Laval sont un *Lion passant*, et que ces armes ont été données aux habitants de Laval par Jules César, en témoignage de son admiration pour leur vaillantise.

Guillaume Le Doyen, dans sa chronique, n'a fait suivre ce passage d'aucune note contradictoire ou explicative, et semble, par là, admettre le sentiment du poète angevin à l'endroit des armes primitives de la ville de Laval.

D'un autre côté, il est inexplicable qu'un écrivain, qui a consacré une très-longue épitre à la mémoire de Guy XVI, (*) en voulant exalter le blason de Laval, se soit exposé à lui donner sans motif et par la plus ridicule ignorance, l'origine et la grandeur qu'il lui assigne.

Après avoir consulté la *Chronicque* de Le Doyen, parcourons le manuscrit de Charles Maucourt de Bourjolly, qui a écrit une histoire des seigneurs de Laval.

Que nous enseigne ce chroniqueur à l'égard des armes de notre ville ?

Il faut tout d'abord le proclamer, nulle part dans son écrit il ne fait mention du lion dont nous venons de parler.

Mais si notre chroniqueur Bourjolly ne fait aucunement mention des armes de Laval sous la figure d'un lion, il n'oublie pas de faire connaître

---

(*) Seigneur de Laval qui avait épousé une princesse du sang royal, Charlotte d'Aragon, et à la sépulture duquel, en 1531, officia Louis de Bourbon, cardinal évêque du Mans, accompagné des évêques de Saint-Malo, de Rennes, et des abbés de Saint-Aubin d'Angers, de Clermont et de Bellebranche.

1o Que dans le chœur des chanoines réguliers de Saint-Augustin, en l'église de Sainte-Catherine-lès-Laval, on voyait sur une vitre le portrait d'une dame en pied, auprès de laquelle gisaient deux écussons, l'un, le plus rapproché, *portant de gueules à trois lozanges d'or, la pointe perlée;* (armes de la ville de Craon, *lozangé d'or et de gueules*); l'autre, plus éloigné, semblant porter de *sable* (ou noir) *à six coquilles d'argent* 3, 2, 1; armoiries, selon la remarque de quelques auteurs, qui étaient celles de l'ancien Laval.

On demandera peut-être pourquoi ces deux armoiries accompagnaient le portrait dont nous parlons. La raison en est que la fondatrice de la communauté de Ste-Catherine était Haoïse de Craon, épouse de Guy VI, de la race en droite ligne des fondateurs de Laval.

A l'égard de ces armoiries de *sable à six coquilles d'argent*, proclamées celles de l'ancien Laval, nous ferons remarquer qu'elles sont, suivant les règles du blason, dignes, par leur simplicité, d'être *estimées des plus anciennes et des plus belles.*

Nous l'avouons, cette déclaration n'est pas celle de Bourjolly; il en décline la valeur, sans la nier toutefois, mais en s'appuyant sur la remarque de quelques auteurs.

Ce que Bourjolly affirme positivement, c'est que les armoiries de Laval étaient d'*or à la croix de gueules, chargée de cinq coquilles d'argent, cantonnée de quatre alérions d'azur* (aiglons sans bec et sans jambes qui ont les ailes étendues).

Ces alérions furent doublés et portés à huit, dit Bourjolly, par Louis-le-Débonnaire, fils de Charlemagne, en récompense de la bravoure de Guy de Laval qui avait apporté à ce grand empereur, à Tours, huit enseignes et les noms de huit barons de Bretagne soumis par lui à la France. La chronique de Saint-Denis confirme ce fait en ces termes :

« Là (à Tours) vint à li li cuens Guis prevoz et garde
» des Marches de Bretaigne, qui en cel an meismes (799)
» avait été cerchies toutes les coutrées des Bretons en-
» tre lui et aulcuns contes qui avec li furent en celle
» besongne ; et li apporta par écript les armes et les
» noms des ducs et des princes de celle contrée qui à
» li s'étaient rendus. »

De nouveau les alérions de l'écu de Laval furent
doublés et portés à *seize* par le même Louis-le-Débonnaire qui avait envoyé Guy de Laval au secours de
Lothaire, alors en guerre avec l'empereur d'Orient
pour quelques places de Slavonie , lequel Guy de Laval
s'empara des enseignes de l'armée ottomane.

Comme on le voit, il n'est ici question ni de lion ni
de léopard.

Ces armes étaient réellement celles de Laval , et en
même temps celles de ses seigneurs qui, par le fait , ne
possédaient d'autre écu que celui de leur fief ou de leur
ville. Cependant , en un jour de conquête , les seigneurs de Laval aident Guillaume le Bâtard à gagner
la fameuse bataille d'Hasting (1066) , qui lui mit en
main le trône d'Angleterre. Guillaume , dans l'enthousiasme de son succès, ne croit pas devoir mieux récompenser les fils de la maison de Laval qu'en faisant
alliance avec elle par le mariage de Denise de Mortain ,
sa nièce, avec le successeur de Guy II , et en déchirant
le tiers de ses armes dont il lui fait présent pour
l'intercaler dans son blason.

Quelles étaient les armes de Guillaume-le-Con-
quérant ?

*De gieules à trois léopards d'or armés et lam-
passés d'azur* , c'étaient les *deux léopards de la
Normandie* et celui de la *Guyenne.*

A partir de cette époque le blason de Laval fut divisé
de cette manière :

Parti *de gieules au léopard d'or armé et lampassé d'azur ; et parti d'or à la croix de gieules ,*

chargée de cinq coquilles d'argent, cantonnée de seize alérions d'azur.

Il n'est pas inutile de remarquer ici que, suivant les règles du blason, un lion est toujours *rampant* et ne montre qu'un œil, c'est-à-dire dans la position d'un animal qui ravit sa proie, et qui, pour cet effet, lève les pieds de devant plus haut que les autres.

Le léopard est toujours *passant* et *montrant les deux yeux*, c'est-à-dire qu'il semble marcher.

Mais aussi il y a des léopards *rampants* qui ne montrent qu'un œil et lèvent les pieds de devant ; ils sont appelés pour cela des *léopards lyonnés ;* comme aussi il y a des lions *passants* que l'on appelle des *lions léopardés.*

Qu'entend-on, en terme de blason, par le mot *armé ?*

Qu'il montre ses griffes.

Qu'entend-on par le mot *lampassé* ou *langué ?*
Une langue qui est tirée.

Plus tard, Guy IVe du nom se rendit si célèbre par ses hauts faits en Palestine, au temps des croisades, dit toujours Bourjolly, que, passant à son retour par Rome, le souverain pontife Pascal II accorda, par une bulle, à la maison de Laval un droit de substitution, à défaut de descendance mâle, pour ses successeurs en icelle, lesquels seraient tenus de prendre le nom de *Guy de Laval, les armes et le cri de guerre* de cette maison, — droit qui fut confirmé par Philippe-Ier, roi de France.

Nous le savons, on ne manquera pas de nous objecter que les savants ordonnateurs du Musée de Versailles sont d'un avis opposé au nôtre, ainsi qu'en fait foi le remarquable ouvrage en dix volumes avec gravures héraldiques ayant pour titre : *Galeries historiques du palais de Versailles*, et dans lequel on trouve établis ainsi qu'il suit deux blasons de Laval :

1º « Guy, *sire de Laval*.

» Guy, IIIe (IVe). du nom, baron de Laval, avec cinq de ses frères , suivit à la croisade le duc de Bretagne , Alain Fergent , en 1096. Ses exploits lui acquirent une telle renommée que , vers l'an 1101 , comme il passait à Rome pour retourner dans sa patrie , le pape Pascal II , en reconnaissance des services qu'il avait rendus à la chrétienté , ordonna que le nom de Guy , qu'il avait porté avec tant de gloire , resterait héréditairement attaché à la seigneurie de Laval , et se transmettrait de mâle en mâle au chef de cette famille. Ce privilège fut confirmé par lettres de Philippe Ier , roi de France. Les descendants du sire de Laval restèrent fidèles à l'exemple qu'il leur avait donné , de verser son sang pour la défense des saints lieux , et trois Guy, barons de Laval, moururent successivement en Palestine.

» Nous verrons au xiiie siècle les héritiers mâles manquer à cette famille , et une femme en porter le nom dans la maison de Montmorency.

» André Duchesne , dans son histoire de la maison de Montmorency , blasonne ainsi les armes des anciens seigneurs de Laval : *de gueules au léopard d'or.* »

Le prétendu *léopard* de Laval , qui est au musée de Versailles et reproduit dans les Galeries historiques , est un *lion passant*, ayant une magnifique crinière et , aux pattes , de superbes manchettes de poil.

2º « Guy VII , *sire de Montmorency-Laval.*

» L'ancienne maison de Laval , faute d'héritiers mâles , s'était fondue dans celle de Montmorency par le mariage d'Emme , dame et héritière de Laval, avec Mathieu II , seigneur de Montmorency. Le premier fils issu de cette union prit le nom de Guy , héréditaire depuis la première croisade dans la maison de Laval , et reçut de sa mère le titre et la jouissance de cette seigneurie, dont il transmit le nom à ses descendants. Il chargea de *cinq coquilles d'argent sur la croix*, pour brisure, les armes de Montmorency. Guy VIIe du nom, sire de Laval, son fils, dont il est ici question, prit la croix et suivit Saint Louis à Tunis en 1270.

» La devise de la maison de Montmorency est un mot grec, *Aplatanôs*, qui signifie *sans varier*. »

Ces deux blasons demandent quelques explications.

D'abord les armoiries des seigneurs fondateurs de la ville de Laval étaient-elles simplement de *gueules au léopard d'or* ?

Si l'on admet ce fait comme point fondamental de l'histoire du blason de Laval, il faut proclamer que les seigneurs de notre cité étaient de petits personnages indignes alors de posséder n'importe quelle seigneurie ; que la *Chronique de Saint-Denis* a commis une erreur en montrant un Guis prevoz et gardien des marches de Bretaigne, reçu en vainqueur par l'empereur Charlemagne, lorsque ce chef de la maison de Laval lui apporta à Tours huit enseignes enlevées aux barons bretons ; qu'enfin les pauvres seigneurs de Laval n'avaient pas de blason avant que Guillaume le Conquérant leur eût fait la charité d'un léopard sur les trois qui se trouvent dans les armes d'Angleterre.

Heureusement qu'il n'en est point ainsi, et notre chroniqueur lavallois, Maucourt de Bourjolly, qui a consulté et étudié le vieux Chartier du château de Laval, détruit en 1794, nous apprend avec une autorité aussi simple qu'elle est sûre, quelle gloire s'attachait aux armoiries des premiers seigneurs de la ville de Laval.

A l'époque de la formation du musée de Versailles, les savants qui s'en occupaient ne connaissaient aucunement le *manuscrit* de la généalogie des seigneurs de Laval par Bourjolly. Ils durent, pour se tirer d'embarras, consulter l'écrit imprimé de l'historien de la maison de Montmorency ; et Duchesne, dans son ignorance de ce qui touchait le blason des seigneurs primitifs de Laval , les a éclairés de façon à leur faire commettre la plus éclatante erreur.

De là conséquemment , au palais de Versailles, le blason de gueules au léopard d'or pour armes de l'ancien Laval.

Quant au blason de Guy VIII, sire de Laval-Montmorency , on doit comprendre que nous protestons contre l'explication qui en est donnée. Voici pourquoi :

Le dernier rejeton mâle des fondateurs de Laval venait de mourir ; il ne restait plus qu'une jeune fille du nom d'Emma.

Le roi de France Philippe-Auguste s'occupa du mariage de la jeune orpheline de Laval et lui présenta pour époux Robert , comte d'Alençon et de Séez , issu du comte de Ponthieu et de Bellesmes , ancienne lignée des princes de Normandie , qu'elle épousa à l'âge de 15 ans en l'année 1214.

Ce mariage eut lieu sous la condition que l'époux d'Emma prendrait le nom de Guy de Laval , les armes et le cri de cette noble maison.

Trois ans après , Emma étant devenue veuve , le roi de France la pressa de contracter une seconde union avec Mathieu de Montmorency , connétable de France, veuf de Gertrude de Néelle.

Ce mariage fut consenti à des conditions qui marquaient la supériorité de la maison de Laval sur celle de Montmorency , savoir : que le connétable prendrait , en tous les actes publics , la qualité de Guy , seigneur de Laval ; que le fils aîné qui proviendrait de leur union PORTERAIT LE NOM ET LES ARMES DE LAVAL , et que le puiné demeurerait *partagé de la maison et armes de Montmorency* , ainsi, ajoute Bourjolly, qu'en fait foi leur contrat de mariage déposé au trésor du château de Laval.

Sans doute les armes de la famille de Montmorency avaient une grande similitude avec celles des Guy de

Laval , puisqu'elles étaient en effet *d'or à la croix de gueules , cantonnées de seize alérions d'azur.*

Par suite et dans l'ignorance de nos archives , les ordonnateurs du musée de Versailles en ont conclu que la maison de Laval s'était *fondue* dans celle de Montmorency , et que les armes de notre ville étaient de *Montmorency , brisé de cinq coquilles d'argent sur la croix.*

Nous le répétons , ces *coquilles* n'étaient point une brisure ; elles appartenaient à Laval depuis un temps immémorial.

A cet égard , le P. de Varennes , jésuite , dans son *Roy d'Armes* , déclare que l'ancien Laval portait de gueules à cinq coquilles d'argent , 3 , 2.

De son côté , Bourjolly déclare que les coquilles du blason de Laval appartiennent aux seigneurs fondateurs de cette ville.

1º Parce que , suivant quelques auteurs , lorsqu'un de ces seigneurs fit bâtir *Castellum in tectis* (Château de Saint-Ouen) , les pierres que l'on avait extraites d'une carrière pour l'édifier étaient parsemées de coquilles ;

2º Parce que Louis le Débonnaire , fils de Charlemagne , pour honorer le seigneur de Laval , qui avait vaincu les Bretons en huit batailles , ordonna que ses armes seraient doublées et sa croix de gueules chargée de cinq *coquilles* d'argent , coquilles qui étaient les armes des barons vaincus ;

3º Parce que Guyon de Laval, en épousant Ingonde, dame de Bretagne , joignit à ses armes celles de son épouse qui étaient des *coquilles* (842).

Quant au *léopard* , il faisait seulement partie des armes des seigneurs de Laval. Guy VIII , fils de Mathieu de Montmorency et d'Emma de Laval , l'abandonna , après la mort de son père , aux habitants de Laval pour qu'il fît partie de leurs armoiries.

Il est donc incontestable que le blason de Laval n'est point celui des Montmorency avec une brisure , car, dans ce cas , cette famille n'eût pas manqué d'y ajouter sa devise en grec *Aplatanôs*.

Du reste , toutes les maisons princières qui entrèrent dans la maison de Laval durent fondre leur nom et leurs armes en celui et en celles de la fière cité des Guy.

Laval tenait essentiellement à ses armes , car dans le contrat de mariage de Olivier de Clisson avec Catherine de Laval , il « fut dict et convenu qu'au cas que par
» faulte d'hoir procréé dudict seigneur de Laval , la
» maison de Laval tombast à ladicte Catherine , ledict
» seigneur de Clisson prendrait les nom , cry et armes
» de Laval. »

C'est ce qui arriva également au commencement du xve siècle, lorsque Anne de Laval , dernière héritière de la maison de Laval-Montmorency , accorda sa main à Jean de Montfort , fils de Jean VI, duc de Bretagne et de Jeanne de France , fille de Charles VI et tante du roi Louis XI.

Cette famille des Montfort valait bien celle des Montmorency , et cependant , pour entrer dans la maison de Laval , cette famille , dont l'origine se perd dans les nuages de la légende , descend , dit-on , d'un roi de l'Armorique nommé Machanus , et tire son extraction de Giquel , fils d'Adrien , quatrième roi de Bretagne , s'est soumise à l'obligation de fondre son nom et ses armes dans le grand nom de Laval. (*)

(*) Bourjolly rapporte que le contrat de mariage de Jean de Montfort avec Anne de Laval fut passé le 22 janvier 1404, au château de Vitré , par l'autorité de Jean , duc de Bretagne , comte de Montfort et de Richemont , cousin issu de germain de la fiancée , devant Decelin , sénéchal de Rennes , de l'avis de très-puissant prince , le roi de Sicile et de Jérusalem,

En aucun temps , d'ailleurs , depuis l'extinction de la branche de ses seigneurs fondateurs, Laval n'a arboré d'autres enseignes que la sienne , ni sous les Montmorency , ni sous les Montfort , ni sous les Coligny , ni sous les La Tremoille. (*)

---

en présence d'Adam , évêque du Mans , d'Yves , évêque de Vannes et d'une foule de grands seigneurs, assemblés comme en parlement.

Ce contrat de mariage portait que les seigneurs de Montfort , père et fils, reconnaissaient le grand honneur que leur faisait le seigneur de Laval en leur donnant sa fille en mariage , mariage auquel deux choses l'ont mu à consentir , savoir : que Jean de Montfort, seigneur de Kergolay , était descendu de son lignage par Isabeau de Laval, fille de Guy IX , épouse de Jean , seigneur de Lohéac ; et que le fiancé avait demandé et recherhé sa fille avant qu'elle eût hérité des biens de la maison de Laval.

Ce même contrat portait que Jean de Montfort, du consentement de son père et de ses frères, Charles et Guillaume, quitterait le nom et les armes de Montfort et en ferait tranfert à ses frères, *s'obligeant*, pour lui et ses successeurs *in infinitum* , de prendre et porter le *nom et surnom de Guy* , *sire de Laval* , *les armes , cri , bannière , timbre sceau , supports et ornements de la maison de Laval* , en tous lieux , assemblées , tournois, batailles , en tous actes de justice et contrats ; et que le seigneur Raoül le déclarerait son fils aîné et principal héritier, etc.

Toutes les clauses de ce contrat furent solennellement jurées sur les saints évangiles et le corps de Notre Seigneur , Jean de Montfort étant à genoux.

Il était en outre stipulé que ce contrat, appelé lettres de mariage, *jure antiquo* , serait approuvé par le roi de France, les princes et la cour du parlement de Paris.

Les lettres patentes du roi Charles VI et l'arrêt de la cour du parlement qui ordonnent que ces lettres soient enregistrées sont du 25 janvier 1405.

(*) Les seigneurs de La Trémoille ne prirent jamais le nom de Guy héréditairement attaché à la sei-

Conséquemment, les armoiries de Laval qui figurent aujourd'hui au musée historique du palais de Versailles sont complètement erronées, et cette erreur en a entraîné d'autres à sa suite.

Comme nous l'avons dit plus haut, les armes de Laval, suivant la Galerie historique du palais de Versailles, sont figurées par un *léopard* (ayant forme de lion) *passant*.

L'Atlas national de la France illustrée de V. Levasseur, ingénieur géographe attaché au génie du cadas tre et de la ville de Paris, arbore, pour armes de Laval, au sommet de la carte de la Mayenne, un *léopard rampant*.

D'autres savants, en reproduisant les blasons coloriés de la noblesse française, représentent tout à la fois deux blasons de Laval, l'un au *léopard passant*, et l'autre au *léopard rampant*.

La ville de Laval, en cette bienheureuse année 1857, a fait, elle, beaucoup mieux que cela ; elle a, lors de ses fêtes de septembre, décoré sa mairie d'un écusson au *léopard passant*, son palais de l'Industrie d'un *léopard rampant*, et sa salle de spectacle, d'un *lion passant*.

---

gneurie de Laval ; ils laissèrent à la vieille cité des Guy les armes de ses fondateurs.

Un grand nombre d'actes des 16, 17, et 18e siècles en font foi ; car, tandis que les notaires royaux de la ville de Laval (il y en avait huit) usaient du timbre royal à trois fleurs de lys, et les notaires du comté (il y en avait également huit), de celui de Laval, tel que nous l'avons expliqué, les seigneurs de La Trémoille se servaient de leur timbre particulier aux armes de leur famille, c'est-à-dire *d'or au chevron de gueules, accompagné de trois aigles d'azur, membrés de gueules.*

Voilà la conséquence d'une première erreur ; elle en fait commettre vingt autres , et des plus extraordinaires.

Cependant , si l'on veut faire de l'histoire , faisons-la vraie , ou n'en faisons pas du tout et vivons comme si nous étions nés d'hier.

Si . partant de là , l'on rejette le glorieux passé de Laval et que l'on veuille néanmoins donner des armoiries à notre ville , concevons-les selon les règles du blason.

Mais , si nous ne rejetons pas l'histoire de nos aïeux, conformons-nous à ce que nous enseignent nos anciens chroniqueurs.

Or , que nous disent-ils ?

Que les armes de Laval étaient d'or à la croix de gueule , chargée de cinq coquilles d'argent, cantonnée de seize alérions d'azur , armoiries qui furent divisées pour y recevoir celle-ci , concédée à Laval par Guillaume le Conquérant, de *gueules au léopard d'or armé et lampassé d'azur.*

Ces armes se retrouvent sur tous les actes scellés par les notaires du comté de Laval jusqu'en 1790 , et sont entourées de ces mots : *Sel des conctractz de Laval-Gvion* , nom que Laval conserve encore aujourd'hui , en souvenir de ce Guion-qui , dans le IXe siècle , fit rebâtir la ville ravagée et détruite en partie par les Normands.